길을 묻는
그대들의 푸른 나침반,
충남외고

길을 묻는
그대들의 푸른 나침반,
충남외고

초판발행 2011년 4월 27일

지 은 이 안덕규, 이하영, 김홍석, 장유진 외 충남외고 〈너비봄〉 동아리 회원
펴 낸 이 최종숙
펴 낸 곳 글누림출판사

편집기획 이태곤
진   행 오수경
디 자 인 안혜진
편   집 이태곤 임애정 오수경 안혜진
마 케 팅 문택주 안현진 박태훈

주   소 서울시 서초구 반포4동 577-25 문창빌딩 2층(137-807)
전   화 02-3409-2055(대표), 2058(영업), 2060(편집)
팩   스 02-3409-2059
전자메일 nurim3888@hanmail.net
홈페이지 www.geulnurim.co.kr
등록번호 제303-2005-000038호.(2005. 10. 5)

값 10,000원
ISBN 978-89-6327-130-9 43040

길을 묻는
그대들의 푸른 나침반,

충남외고

안덕규, 이하영, 김홍석, 장유진 외
충남외고 〈너비봄〉 동아리 회원

글누림

차례

part • 1 외고인의 학교생활

하루하루 추억 쌓기 / 중국어과 박슬아 • 11

충남외고 24시 / 일본어과 송유리 • 15

외고생들은 공부만 한다고요? – 동아리&CA / 일본어과 홍단비 • 18

공부, 그 의미를 넘어 '하이미(Hi-mi)' 교육 봉사활동 / 영어과 전보름 • 21

마음 나누기 – RCY / 중국어과 송혜인 • 28

방학 때에도 학교의 불은 꺼지지 않는다 / 중국어과 여다영 • 32

기숙사 정복기 / 영어과 김수연 • 35

기숙사 적응기 / 영어과 윤예림 • 39

청춘의 비타민 – 남학생 기숙사 / 영어과 이규배 • 43

집보다 기숙사 – 여학생 기숙사 / 일어과 장누리 • 48

벌점 No! 기숙사 퇴사 경험기 / 일어과 송유리 • 55

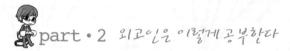

part · 2 외고인은 이렇게 공부한다

입학 전 공부방법 / 영어과 조하영 & 공예은 • 65

언어영역 공부방법 / 중국어과 이혜진 • 76

수리영역 공부방법 / 중국어과 여혜원 • 83

수학 오답노트 활용법 / 영어과 나문희 • 91

외국어영역 공부방법 / 영어과 이정민 • 93

내신 관리방법 / 영어과 박민설 • 97

방과 후 학교 / 영어과 장지원 & 중국어과 한채영 • 105

자습고등학교에서 살아남기 / 영어과 임혜성 • 113

모든 것은 계획적으로 – 플래너 짜는 방법 / 중국어과 한채영 • 119

'스펙'은 어떻게 쌓아야 하는 건가요? / 영어과.나문희 • 123

 part • 3 외고인이 궁금해?

무엇이든 물어보세요 / Q & A • 137

선생님, 우리 선생님 / 선생님 인터뷰 • 149

 part • 4 외고인과 함께하길 원한다면

스스로를 믿고 도전하라 / 영어과 박민설 • 162

열심히 고민하고 열심히 선택하라 / 영어과 나문희 • 166

읽을 수 있는데 읽지 않는다면 당신은 바보다 / 영어과 이규배 • 170

part • 5 외고 선생님들 이야기

교장선생님의 한 말씀 / 안덕규 선생님 • 180

외고인들의 뒷이야기 / 이하영 선생님 • 183

일선 교사의 일기 / 김홍석 선생님 • 186

part·1
외고인의 학교생활

하루하루 추억 쌓기

중국어과 박슬아

나는 2010학년도 충남외고 3기생으로 꿈에 그리던 충남외고에 입학했다. 굳은 결심을 하고 입학한 지 벌써 1년이 흘렀다. 처음에는 가족과 떨어져 기숙사에 들어와서 체계적으로 생활하는 것이 몸에 익숙하지 않아 힘들고 가족들도 많이 보고 싶었다. 엄격한 기숙사 생활과 항상 밤늦도록 학교에 남아 공부해야 하는 하루하루가 지겹고 답답하기도 했다. 주위의 낯선 환경 때문에 긴장되고 외로웠다. 하지만 이내 이러한 생활에 익숙해지고 나름대로 요령이 생겨, 전에는 정해진 시간에 맞춰 생활하던 내가 이제는 즐겁고 보람찬 하루를 보내려고 노력하게 되었다.

충남외고 학생들의 하루 일과는 이렇다. 수업이 있는 월요일부터 토요일(쉬는 토요일 제외)까지는 남녀 학생 모두다 6시 40분에 기상해서 바로 아침 점호를 하러 운동장에 나간다. 전 기숙사생들이 모여 인원 점검을 하고 간단한 체조를 한다. 비가 오는 날에는 실내에서 점호를 하기 때문에 거의 모든 학생들이 아침마다 우리가 만든 rain maker에게 비가 오기를 간절히 비는 웃지 못할 해프닝도 있다.

점호 후 등교 준비를 하고 8시까지 전교생이 등교를 한다. 학기 초에는 몇몇 학생들이 지각을 해서 벌을 받는 모습을 볼 수도 있었다. 나도 지각 멤버 중 한 명이었는데, 지금은 학교에 30분 더 일찍 도착하는 여유가 생겼다. 학기 초에는 제시간을 지키기도 힘들었는데 이렇게 변화한 나의 모습이 놀라웠다. 매일 조급하고 긴장되었었는데 시간을 활용하면서 여유로워진 모습이 정말 고등학생이 되었음을 실감하게 했다.

학교 등교 후 8시부터 8시 30분까지는 아침 자기주도학습을 한다. 아침잠이 많아 졸린 친구들은 뒤로 나가 스탠딩 책상에 서서 독서를 하거나 공부를 한다. 8시 40분부터 1교시가 시작된다. 중학교와 달리 고등학교는 50분 동안 수업을 한다. 4교시까지 수업을 하고 12시 30분부터 1시 40분까지는 점심시간이다. 3학년, 2학년, 1학년 순으로 급식을 하는데, 이것은 3학년 선배들의 공부 시간을 배려해주는 하나의 방침이기도 하다. 우리는 점심시간이 오기를 기다리고, 그날 메뉴에 따라 기분이 좌지우지된다.

또 점심시간에는 동아리 활동을 하거나, 모자란 공부, 운동을 하고, 책을 읽는 등 다양하게 자투리 시간을 활용한다. 특히 우리 학교에는 독서광들이 많아 점심시간에 개방하는 도서관이 붐빈다. 도서관에는 외고의 특성에 맞게 학생들에게 유용한 다양한 책과 일본어, 중국어, 영어로 된 원서들이 많다. 나도 점심시간에 주로 책을 읽는 편이다.

그리고 6교시 또는 7교시까지 수업을 하고 남은 7, 8교시에는 자기주도학습을 하거나 자신이 선택한 수업을 듣는다. 우리 학교는 수학과 영어는 수준별 수업을 하고 외국어고인만큼 과에 맞춰 영어, 중국어, 일본어 회화, 작문, 문법 수업 등을 듣는다. 나는 중국어과여서 전체 수업 중 중국어 수업이 많은 비중을 차지한다. 그중에서도 원어민한테 배우는 회화 수업이 즐겁다. 중국어 문법을 배우고, 중국어 작문을 하고 발표하며 중국 문화를 간접적으로 체험한다. 이처럼 중국과 관련된 다양한 활동들을 하고 공부를 한다. 이렇게 정규 수업을 마치면 5시 40분부터 7시까지는 저녁시간인데, 기숙사를 개방하여 사복으로 갈아입고 다시 학교에 와서 점심시간 때처럼 단어를 외우거나 공부를 하는 등 자투리 시간을 활용하고 동아리 활동을 하며 여가시간을 즐긴다. 저녁시간에는 운동을 많이 하는데, 배드민턴, 농구, 탁구, 줄넘기 등을 하거나 러닝머신을 뛰면서 체력관리와 스트레스를 해소한다. 나는 댄스동아리 부원이라 주로 저녁시간에 춤 연습을 한다. 좋아하는 춤을 즐기면서 체력관리를 하기 때문에 여러모로 이점이 많다. 춤을 추고 나면 스트레스가 해소되고 공부에도 집중이 더 잘 된다.

저녁시간 이후에는 다시 방과 후 수업 또는 자기주도학습을 한다. 8시 50분부터는 기다리고 기다리던 간식시간이 20분 동안 주어진다. 열심히 공부를 한 뒤에 먹는 간식은 정말 맛있다. 그 후 다시 자기주도학습을 하고 10시 50분이 되면 3학년을 제외한 모든 학생들은 기숙사로 이동하여 12시까지 자기주도학습을 한다. 자기주도학습 후에는 놀기도 하고 씻는다.

기숙사에서 생활하면 잊지 못할 추억들이 많이 생긴다. 친구 생일을 축하하기도 하고 수다를 떨기도 하고 운동도 한다. 12시 30분부터는 소등 및 취침시간이다. 하지만 열람실에 내려가서 공부를 더 할 수도 있다. 전교생이 모두 공부를 열심히 해서 열람실은 언제나 꽉 찬다.

쉬는 토요일과 일요일에는 7시 40분에 기상한다. 쉬는 토요일에는 9시까지 학교에 등교해서 자기주도학습을 하고 일요일에는 2시까지 외출 및 자유 시간을 갖는다. 이 시간에는 종교 및 동아리 활동을 한다. 충남외고생의 일주일간 생활은 대략 이렇다. 모든 일을 열심히 하고 즐겁게 보내는 하루하루가 보람 있다.

충남외고 24시

일본어과 송유리

충남외고 학생들의 생활은 아침 6시 40분 기상과 함께 시작된다. 물론 먼저 일어나 등교 준비를 하는 친구도 있고, 1~2분 늦게 일어나는 친구도 있다. 우리는 언제 일어났든지 간에 무조건 50분까지 운동장에 나가 점호를 한다. 시원한 아침 공기를 마시며 잠을 깨자는 취지이다. 점호가 끝나면 7시 50분까지 등교 준비를 한다. 밥을 먼저 먹는 사람도 있지만 거의 대부분 등교 준비를 끝낸 뒤 아침을 먹는다.

8시부터 학교에서의 생활이 시작된다. 8시부터 30분 동안은 맑은 정신으로 아침 자기주도학습을 한다. 그 뒤 정규수업을 받는다. 우리 학교에는 '스탠딩' 책상이라는 특별한 자리가 있다. 수업이나 자기주도학습 중 졸린 학생들이 잠을 깨기 위해서 뒤에 서서 공부할 수 있도록 만든 높은 키의 책상이다. 이는 졸음으로 수업에 집중하지 못하는 친구에 대한 학교의 작은 성의이다.

8시 40분부터 시작되는 수업의 4교시가 끝나면 모두가 기다리

던 점심시간이다. 점심시간은 비교적 길다. 그래서 점심을 먹고
난 이후 여러 가지 활동을 할 수 있다. 보통은 음악실이나 소규모
실에서 악기 연습을 하거나 정보검색실을 이용한다. 물론 교실에
서 자기주도학습을 하는 학구열이 뛰어난 학생들도 있다. 달콤한

점심시간이 지나면 5, 6교시가 빠르게 지나간다.

6교시가 끝나면 각자 맡은 구역을 깨끗이 청소한다. 청소시간
이 끝난 뒤 마지막 7교시 수업이 시작된다. 7교시 수업 후에는 방
과 후 수업이 진행된다. 방과 후 수업은 자기가 원하는 과목을 신
청해서 수업을 듣는다. 이때 방과 후 수업을 신청하지 않은 학생
들은 지정된 장소에서 자기주도학습을 한다.

8교시 방과 후 수업이 끝나면 저녁시간이다. 저녁시간에는 6시
30분까지 기숙사에 들어갈 수 있다. 대부분의 학생들은 간편하게
생활복으로 갈아입은 뒤 기숙사에서 나와 저녁을 먹거나 동아리

활동 등 다양한 활동을 하며 시간을 보낸다.

저녁시간이 끝나고 9, 10교시에는 계속 방과 후 수업을 듣거나 자기주도학습을 한다. 10교시와 11교시 사이에는 20분 동안 간식시간이 있다. 이 시간 동안 운동을 하는 친구들도 있지만 거의 대부분은 간식을 먹는다. 간식시간이 끝나면 10시 50분까지 각자의 반에서 자기주도학습을 한다. 10시 50분이 되면 기숙사로 돌아간다.

11시부터 12시까지는 기숙사 내에서 자기주도학습을 하고, 12시 30분이 되면 모든 호실은 소등하며 공부를 더 하고 싶은 친구들은 1층 열람실에 가서 공부를 한다.

이렇게 충남외고의 하루는 흘러간다.

외고생들은 공부만 한다고요?
- 동아리 & CA

일본어과 홍단비

충남외고에는 총 56개의 동아리가 있다. 그리고 이들 대부분은 학생들이 자발적으로 만든 것이다. 동아리를 만들고 싶은 학생은 동아리명과 활동내용을 구상한다. 그 후 지도를 맡아 주실 선생님을 찾아가 허락을 받은 뒤 학생들을 모아 동아리를 만든다. 충남외고의 동아리 하나하나는 자기주도적인 학생들의 열정과 창조력의 결실이다.

동아리는 크게 공부, 특기적성, 봉사활동 세 분야로 이루어져 있다. 예를 들어 '수3바(수학3등급 바라기)', '3M(Master of Mathmatics)', '무한도약' 등은 공부 관련 동아리로 그중에서도 수학 동아리는 정기적으로 모여 문제를 풀고 풀이방법을 공유한다. 또 토요일 재량활동 시간에는 지도교사 선생님께 직접 수학 수업을 받기도 한다. 시사관련 출판 동아리인 'The Link'에서는 정기적으로 시사 책자를 간행해 충남외고 학생들의 시야를 넓혀 준다. 근래에는 우리 학교의 모의재판 동아리가 전국 중·고교 모의재판 대회에서 대상을 차지해 학교를 발칵 뒤집어 놓았다. 지리 동아리에서도 지리 올림피아드 대회에서 수상을 하는 영광을 안기도 했다. 또 모의 UN 동아리 'CMUN'은 정기적으로 모여 영어로 토론을 하고, 대회에도 나가 상당한 실적을 쌓았다. 모 방송국에서 영어를 자유자재로 구사하며 토론하는 모습을 촬영하기도 했다. 또 중국어와 일본어에 관련된 동아리에서는 전공어 실력을 늘리며 문화를 공유하는 활동을 한다. 그리고 문예 동아리에서는 학생들이 쓴 소설, 극본, 시 등을 묶어 문집으로 내며, 추리 동아리와 철학 동아리에서도 그간의 활동 결과물들을 전시한다. 국제시대에 한국의 위상을 높이려는 'Hi-Korea' 동아리는 세계인들에게 한국을 올바로 알리고자 외국인들을 대상으로 설문조사를 실시하고 다양한 아이디어로 한국 전통문화를 보다 친숙하게 알리는 데 앞장서고 있다. 이외에도 다양한 토론 동아리와 전공어와 관련된 번역 동아리와 영자신문 동아리 '헤르메스', 경제학, 일본문화, 지리 법률, 천체관측 등의 다양한 분야를 아우르는 동아리들이 있다.

공부 잘하는 아이들은 놀 때도 최선을 다한다. 노래에 관심과 끼가 있는 친구들은 'SOV(Soul Of Voice)'나 'Climax(밴드부)'에서 자신의 기량을 뽐낸다. 춤을 좋아하는 여학생들이 모여 만든 걸스 힙합 동아리(Cygnus)도 빼놓을 수 없다. 'Cygnus'는 종종 학교 홀에서 깜짝 공연을 열어 우리를 즐겁게 해주기도 한다.

악기 관련 동아리 역시 많다. 'MUZE'와 '오케스트라'는 우리 학교의 대표적 음악 동아리이다. 그 밖에도 퓨전음악 동아리인 'Fusic', 난타 동아리, 사물놀이 동아리 등도 정기적으로 연습한 것을 공연한다. 연극 동아리 'NG(Never Give up)'는 매년 정기적으로 시청각실에서 공연한다. 공연되는 연극은 학생들이 직접 대본을 쓴 것이다. 또한 사진 동아리 'VISTA'도 학생들이 직접 찍은 사진들을 전시하기도 한다.

봉사활동 동아리 'HABITAT'는 거주할 곳이 없는 사람들을 위해 휴일인 일요일에 구슬땀을 흘리며 벽돌과 함께 마음을 나른다. 그 외에도 초·중교 아이들에게 공부를 가르쳐주는 '하이미'와 새터민 교육활동을 하는 '하늘 꿈' 등이 있다. 법률 봉사 동아리, RCY, 기아대책 봉사 동아리 등도 있다.

그 누구도 학생들에게 동아리 활동을 강요하지 않는다. 그들 스스로 점심시간, 저녁시간을 쪼개어 활동한다. 스스로 동아리 활동을 하며 즐거움을 찾고, 학교생활에도 더 충실히 임한다.

공부, 그 의미를 넘어 '하이미(Hi-mi)' 교육 봉사활동

영어과 전보름

토요일 점심시간, 교문 앞에 택시가 줄지어 서 있다. 평소와는 사뭇 다른 광경에 모두들 고개를 갸웃거렸다. 교문 앞에 줄지어 선 택시 행렬은 곧 교문을 벗어났다. 지정된 중학교로 향하는 택시 안에서 나는 멘티와의 첫 만남에 대한 두려움과 막연한 기대감으로 한껏 들떠있었다. 봉사활동이 목적이지만 잠시나마 학교로부터 벗어난다는 사실에서 오는 일종의 해방감이랄까? 친구들과의 첫 만남에 앞서 미묘한 감정이 일었다.

우리가 도착한 곳은 학교와 20분 거리에 위치한 온양 시내의 여자중학교였다. 교실에 들어서자, 호기심 가득한 60개의 눈들이 일제히 우리를 향했다. 생각했던 것보다 의외로 많은 친구들이 우리와 함께 공부하길 원한다는 사실이 우릴 더욱 긴장하게 했다. '멘토'와 '멘티'를 서로 확인하는 간단한 절차 후에 우리는 곧 지정된 교실로 향했다.

어진이와 경희. 올해로 중학교 3학년이 된 두 친구는 앞으로 1년 동안 나와 함께 공부할 멘티들이었다. 두 친구가 어찌나 닮았던지 굳이 닮지 않아도 좋을 과묵한 면까지도 꼭 빼닮아 있었다. 혼자서 수업을 이끌어 나가는 일이 결코 쉽지는 않았다. 사실 나는 낯가림이 있는 편인지라 고민 끝에 어렵게 신청한 '하이미' 활동이었다. 용기를 내어 서게 된 자리였지만 긴장감 때문에 미묘하게 떨리는 내 목소리와 교단 뒤에 숨어 후들거리는 다리를 아마 두 친구도 눈치챘으리라. 나는 그렇게 애써 태연한 척하며 수업을 했다. 30명이 생활하는 교실이 그때 만큼 넓다고 느껴본 적이 없었다. 3시간 반 동안 넓은 교실에 울려 퍼지는 내 목소리가 굉장히 낯설었다.

학교로 돌아오는 택시 안에서 나는 아무 이야기도 하지 않고 가만히 있었다. 긴장이 풀리고 약간의 피로감이 밀려왔다. 그러다 문득 얼굴을 붉혀가며 열정적으로 수업하시던 선생님들의 얼굴이 떠올랐다. 가르친다는 일이 정말 아무나 할 수 있는 것이 아니었다. 언젠가 하이미 활동을 하는 중에 만났던 택시 기사님께서 이런 말씀을 하셨다. "군사부일체. 임금과 스승과 아버지의 은혜는 다 같은 거여. 그만큼 누군가를 가르친다는 일이 참말로 신성한 것이여." 교육 봉사활동을 하러 간다는 우리의 말을 듣고 해주신 말씀이다. 아직 앳된 얼굴에 분홍빛 교복을 입은 우리에게 기사님께서는 교육에 대한 책임감과 응원의 메시지가 담긴 '파이팅!'을 외치시곤 운동장을 유유히 빠져 나가셨다. 그렇게 우리는 '멘토'로서의 신고식을 호되게 치렀다.

땀 흘리며 고군분투하던 내 모습이 안쓰러워서였을까? 처음엔 내 질문에 대답하길 주저하던 아이들이 첫 대면 이후 계절이 바뀐 지금, 어느새 나를 "언니, 언니" 부르며 반갑게 맞아 준다. 정해진 시간이 끝나고 학교로 돌아가야 할 때면 늘 아쉽다. 그럴 때면 '우리가 함께한 시간 그 이상으로 정이 많이 들었구나.'라는 생각이 든다.

사실 공부도 공부지만, 마음의 벽을 허무는 일이 내겐 가장 큰 고민거리였다. 준비한 수학 문제를 풀어주고, 교재를 읽어 내려가며 영어 독해를 하는 일은 지식을 가진 사람이라면 누구나, 언제, 어디서든 할 수 있는 일이다. 그러나 누군가를 만나 '함께' 공부하며 시간을 보내는 일은 누구에게나 쉽게 찾아오는 기회가 아니다. 물론 지식을 전달하는 일 그 자체가 나름의 의미를 갖겠지만, 나는 두 친구가 나와의 만남을 통해 단순한 '배움' 그 이상의 것을 얻고 집으로 돌아갈 수 있기를 바란다. 짧은 만남이지만 그리고 부족하지만 내가 알고 있는 것들을 조금이나마 타인과 나눌 수 있다는 것이 얼마나 가치 있는 일인가를 생각해 본다. 간혹 4시간여의 봉사활동에 다소 부담을 느낄 때도 있는데 대개 학업과 관련한 걱정이 앞서는 경우이다. 안타깝지만 이런 이유로 앞으로 하이미 활동을 계속해나갈 수 있을지에 대해 진지하게 고민하는 친구들을 종종 만나게 된다. 그러나 주어진 시간을 어떻게 보내는가는 본인의 의지에 달려있다고 생각한다. 마음가짐 하나로 4시간의 가치가 완전히 달라지는 것이다. 공부에 대한 욕심이 많을수록 현재 자신이 처한 상황에 좀 더 냉정해져야 한다. 책상 앞에 앉아있는 동안은 집중해서 공부를 하고, 그 외의 시간에는 자신에게 주어진 일, 자신이 하고 싶은 일에 최선을 다하는 것이 멀리 보았을 때 하루 종일 앉아 공부하는 것보다 더 효율적이라는 것은 겪어 본 사람이라면 다 알 수 있을 것이다.

현재 충남외고에서는 다양한 비교과 활동 중 하나로 '하이미(Hi-mi) 교육 봉사활동'을 실시하고 있다. 아산 시내 6개 학교에 한해 실시되는 이 활동은 각 학교에서 지원자를 선발하여 진행하는 방식인데, 충남외고에서는 1, 2학년을, 각 중학교에서는 2, 3학년을 대상으로 하고 있다. 충남외고 학생인 멘토(mentor) 한 명에 중학생 멘티(mentee) 두 명이 한 팀으로 구성되어 1년에 약 10회 정도 만난다. 과목에 대한 규제는 특별히 없지만, 주로 멘토는 멘티에게 국어, 수학, 영어 교과 지도와 함께 입시나 학교생활에 대한 상담을 한다. '사교육 없이도 공부 잘하는 아산'이라는 슬로건을 내걸고 시작된 하이미 교육 봉사활동은 작년에 이어 올해로

두 해째이다. 작년과 한 가지 달라진 점이 있다면 올해부터 충남외고 측에서 봉사활동을 주최하는 방향으로 바뀌어 학생들이 좀더 주체적으로 활동할 수 있도록 학교 측에서 지원을 아끼지 않고 있다는 것이다. 이제 갓 시작하는 단계이지만 해가 거듭될수록 '특별한 인연 맺기'에 더욱 많은 충남외고 학생들이 참여하여 앞으로 더 많은 중학생들이 교육 봉사의 혜택을 받을 수 있는 여건이 만들어지리라 기대된다.

'이번 주말엔 어떤 수업을 해볼까?'

미래의 충남외고 후배들을 만나러 간다는 설렘에 나는 오늘 밤도 뒤척이다 잠이 들겠네.

마음 나누기 - RCY

중국어과 송혜인

RCY는 학교 내에서 하는 봉사가 아니라 교외로 봉사활동을 가는 동아리이다. RCY는 'Red Cross Young'이라는 단체로 한국적십자회에 포함되어 있는 단체이다. 현재 우리 학교 RCY는 보건 선생님께서 지도해 주신다. 봉사활동을 하고 싶은 학생이라면 11,000원의 가입비만 내면 별다른 조건 없이 누구나 가입할 수 있다. 우리 학교 RCY 동아리에서는 할머니, 할아버지를 위한 봉사활동을 한다. 탕정면 복지회와 연결하여 할머니, 할아버지께서 생활하는 마을로 직접 가기도 하며, 노인 병원에서 복지사 분들의 일손을 거들기도 한다. 선생님께서 일정표를 주시면 해당 날짜에 신청을 해서 봉사활동을 갈 수 있다. 주로 점심을 먹은 후 모여서 단체로 이동한 후 봉사활동을 하고 5시 반쯤에 학교로 돌아온다. 현재 학교 RCY 대표 단원은 2학년 두 명, 1학년 한 명인데 대표 단원들이 열심히 일해줘서 RCY에 가입한 학생들은 복잡한 절차 없이 수월하게 봉사활동을 다녀오고 있다.

나는 2학년 1학기 때 봉사활동을 다녀왔다. 2학년 친구들과 3학년 언니들과 함께 할머니들이 모여 생활하는 곳으로 봉사활동을 가게 되었는데, 할머니들께 발 마사지를 해 드리기 위해 우리는 마사지 크림과 수건을 챙겨서 즐거운 마음으로 선생님 차를 탔다. 탕정면 복지회에 가서 봉사활동 신청서를 내고 복지회관 봉고차를 타고 마을에 도착했다. 도착한 곳은 밭이 있는 작은 마을이었다. 멋진 시골 풍경을 보며 마을에 도착하니 마치 친할머니 집에 온 것만 같이 가슴이 따뜻해지는 기분이 들었다. 마을회관에서는 할머니들과 할머니를 돌봐 주시는 아주머니들께서 우리를 반겨 주셨다. 사실 겉으로는 웃고 있었지만 처음에는 어떻게 할머니들과 시간을 잘 보낼 수 있을까 하는 걱정이 들기도 했다. 그렇지만 그런 생각을 할 틈도 없이, 할머니들께서는 손자, 손녀가 온 것처럼 반겨 주셨다. 우리는 한결 편안한 마음으로 할머니들께 발 마사지와 안마를 해 드리며 말동무가 되어 드렸다. 노래를 부르기도 했는데 나중에는 할머니들께서도 신나셔서 춤도 추고 같이 노래도 부르셨다. 노래를 부르시는 모습을 보며 우리가 하는 봉사활동이 보람되게 느껴졌고 할머니들께 재미를 드린 것 같아 들뜨고 신이 났다.

우리는 할머니들과 윷놀이도 했다. 두 팀으로 편을 나누어 윷놀이를 했는데 우리가 오히려 할머니들 덕분에 실컷 웃고 신나게 하루를 보낸 느낌이 들었다. 봉사활동을 마치고 마을회관을 나와 봉고차를 탈 땐 가슴이 뭉클했다. 할머니들과 아주머니께서 우리를 배웅해 주셨는데, 그때의 기분은 말로 표현할 수 없이 뭉클했다. 또 오라고 말씀해 주시는 데 감사한 마음과 함께 마음이 뿌듯해지는 것을 느낄 수 있었다. 걸음이 불편하신 연세가 많으신 할머니께서도 문 밖에 나와 배웅해 주셨는데 그 모습을 보니 이 시간이 너무나 소중하다는 생각이 들면서 봉사활동을 잘 왔다는 생각이 배로 늘어났다. 이번 RCY 봉사활동 시간은 나에게 누군가를 도왔다는 뿌듯함과 보람을 주기도 했지만 또 한편으로는 친할머니가 보고 싶고 생각이 나기도 했다. 내가 안마해드린 할머니와 이야기를 나누던 중에 할머니께서 할머님 손녀 분 이야기를 계속 해주셨기 때문이다. "나도 너만한 손녀가 있어, 이제 곧 시집가는데."라고 계속 말씀하셨다. 손녀를 사랑하는 마음, 보고 싶어 하는 마음이 꼭 우리 할머니가 나에게 해주시는 말처럼 들렸기 때문에 얼른 달려가서 우리 할머니께도 발 마사지를 해 드리고 손녀딸이 얼마나 좋은 일을 했는지, 얼마나 잘 있는지 보여 드리고 싶었다.

사실 한 달 동안 학교에서 지내다보면 종종 지칠 때가 있다. 부모님 도움 없이 한 달 동안 나 자신과 싸워야 하기 때문이다. 부모님이 보고 싶을 때도 있고, 집에서 그냥 푹 쉬고 싶을 때도 있다. 학교에서 공부만 하다보면 가끔은 마음속에 가졌던 굳은 다짐을 잃고, 절망감에 빠질 때도 있다. 그렇지만 이런 RCY 봉사활동을 하면서 보람을 느끼다 보면 다시 에너지가 생긴다.

물론 봉사활동을 하면서 안타까운 점도 있다. 봉사활동 갔던 곳을 다시 배정 받기가 어렵다는 점이다. 봉사활동을 마치고 학교로 돌아갈 때면 할머니, 할아버지께서 다음에도 오라고 친근하게 말씀해 주시지만 다음번 봉사활동에 같은 곳을 가는 경우는 적다. 그렇기 때문에 혹시 할머니들께서 나를 기다리고 계시진 않을까 하는 마음이 들어 죄송하다. 또 한 가지 아쉬운 점은 모의고사, 중간고사, 기말고사 등의 시험 준비와 학교 과제로 인해 RCY 봉사활동을 주기적으로 참여하기 어렵다는 점이다.

처음에는 누군가를 위해 일을 한다는 생각으로 봉사활동을 했지만, 봉사가 끝나고 학교로 돌아올 때는 오히려 내가 그 분들께 너무나 많은 사랑을 받고 힘을 얻어서 오곤 한다. 그런 기쁨을 조금씩 알아갈수록 나는 많은 친구들이 이 기쁨을 함께 느낄 수 있었으면 좋겠다는 생각을 한다.

방학 때에도 학교의 불은 꺼지지 않는다

중국어과 여다영

방학이 다가오면 학교가 술렁이기 시작한다. 방학 동안 학교에 남을지 안 남을지 결정해야 하기 때문이다. 방학 동안 집으로 돌아가는 아이들은 사교육을 받기 위한 경우가 대부분이다. 하지만 학년이 올라 갈수록 학교에 남아 있는 학생 수가 많아진다.

나는 항상 방학 때마다 학교에 남아 있는 쪽을 택했는데 이유는 간단하다. 집에서 학교에서와 같이 체계적인 생활을 이어갈 자신이 없기 때문이다. 집에서는 학교에서와 달리 풀어질 수 있는 요소가 많다. 친구를 만나서 놀고, 늦잠을 자고, TV를 보거나 컴퓨터를 하고……. 하지만 학교에서는 이런 유혹 없이 공부를 할 수 있다.

또 친구들과의 선의의 경쟁이 가능하다. 사실 방학 때 학교에 남아 있으면 공부가 지겹고 하기 싫어질 때도 있다. 하지만 그럴 때마다 옆에서 열심히 공부하고 있는 친구들을 보며 마음을 다잡는다.

방학 중 학교 수업은 자율적으로 자신이 원하는 수업을 골라 교실을 이동하면서 듣는 방식으로 이루어진다. 단, 하루 4시간 이상 수업을 듣는 것이 필수이다. 수업은 매우 다양하다. 예를 들면 수학은 지난 학기 복습과 다음 학기 예습으로 언어는 고전문학과 현대문학으로 나뉘고 영어는 수능영어와 TEPS로 나뉜다. 수업은 모두 학생들의 의사에 따라 개설된다. 수업을 원하는데 개설되지 않은 강좌는 자기주도학습시간을 이용해 인터넷 강의 등을 통해 보충하면 된다. 방학 수업에서 중요한 것은 학기 수업 내용의 예습 복습을 철저하게 진행해서 기억에 남도록 하는 것이다.

수업은 저녁 전까지 모두 완료되고, 그 이후에는 각자의 반에서 자기주도학습을 한다. 학기 중과는 달리 수행평가나 내신에 대한 부담 없이 수능 준비에 가장 많은 시간을 할애할 수 있는 기간이다.

방학을 어떻게 보내냐에 따라 다음 학기 성적이 달라진다. 하지만 방학기간은 한 달이므로 여러 가지를 욕심내다 보면 아무것도 못할 수가 있다. 그러므로 방학 때는 평소 자신이 부족했던 과목 한두 개만을 집중적으로 공부하는 것이 효율적이라고 생각한다. 그렇지만 언어, 외국어, 수리영역은 모두 감이 중요하므로 감이 떨어지지 않게 매일 조금씩 푸는 것이 중요하다.

또 방학 중에 꼭 해야 할 것이 하나 있는데, 바로 체력관리이다.

학기 중과는 달리 상대적으로 시간이 많으므로 시간을 정해 운동을 하는 학생들이 많다. 저녁시간에 밖을 보면 많은 학생들이 줄넘기나 달리기를 하며 땀을 흘리고 있다.

　방학 때도 우리는 자기 관리를 철저하게 하며 자신의 목표를 향해 한 걸음씩 달려가고 있다.

기숙사 정복기

영어과 김수연

충남외고에 입학한 후, 그 기쁨도 잠시, 처음 하게 될 기숙사 생활에 무엇을 준비해야 할지 몰라 망설였던 기억이 난다. 설레는 마음으로 준비를 했었는데, 이제 와서 생각해 보니 정말 필요한 물건은 생각하지도 못하고, 이것저것 챙기다 보니 짐만 늘었던 것 같다. 그래서 약 1년 반을 이 학교에서 생활해본 학생으로서 충남외고 기숙사에서 생활하는데 무엇이 필요하고, 어떤 것이 금지되어 있는지 등을 소개하고자 한다.

충남외고 학생들은 원칙상 한 달에 한 번 귀가를 한다. 하지만 예외로 일주일에 한 번씩 귀가하는 정기 외박도 가능하다. 짧은 기간이라고는 할 수 없는 기간 동안 학교와 기숙사에서 생활해야 하기 때문에 준비를 철저히 해야 한다. 특히 사소한 물건일 경우에는 주문을 하거나 택배를 이용하기도 곤란하므로 미리 잘 챙겨 두어야 한다.

준비할 물건들 중에서 생활과 관련된 물건으로는 개인적인 차이는 있겠지만 기본적으로 섬유유연제, 빨걸레, 빨래통, 빨래망, 휴지, 옷걸이, 드라이기, 컵 등이 있다. 그리고 여학생의 경우에는 위생용품도 챙겨야 한다. 준비물품에는 빨래와 관련된 물건들이 특히 많은데, 일주일에 2~3번씩 세탁을 하다 보니 빨랫감을 모을 통과 속옷 등이 섞이지 않도록 하는 빨래망은 필수이다(섬유유연제는 꼭 필요하다고는 할 수 없지만 사용하면 향도 좋아지고 촉감도 부드러워지기 때문에 대부분의 학생들이 사용하고 있다.) 휴지는 일주일에 한 번씩 사감실에서 두루마리 휴지를 하나씩 주긴 하지만 사용하다 보면 부족한 경우가 허다하다.

세면 관련 용품으로는 샴푸, 린스, 비누, 클렌징 폼, 치약, 칫솔, 바디클렌저, 로션 등 집에서 쓰는 물건 외에 딱히 더 필요한 것은 없다. 하지만 수건은 많이 가져오는 것이 좋은데, 섞여서 잃어버리는 경우도 적지 않고, 쓰다 보면 부족한 경우가 많기 때문이다.

옷은 편하게 입을 수 있는 것이나 트레이닝복이 가장 적당하다. 간혹 예뻐 보이고 싶은 마음에 꽉 끼는 스키니진이나 노출이 심한 옷을 가져오는 학생들도 있지만 학교에서 자기주도학습을 할 때에는 체육복이나 간편한 옷을 입어야 하고, 기숙사에서 좀 더 공부하기 위해 열람실에 갈 때에도 노출이 심한 옷은 입지 못하게 되어 있기 때문에 적당한 길이의 편한 옷을 입는 게 가장 좋다. 만약 잘 때 잠옷을 입고 자는 학생이라면 잠옷도 준비한다면 좋을 것이다.

음식물의 경우에는 초콜릿과 사탕, 건강식품 이외의 것은 대부분 금지되어 있다. 실례로 학교에 입학한 지 얼마 되지 않았을 때, 멘토 언니께 받았던 껌을 기숙사 책상 위에 올려 놓고 등교했던 적이 있다. 그런데 껌도 금지물품 중 하나였기 때문에 벌점을 무려 5점이나 받았었다. 따라서 음식물은 가져오지 않거나, 가져오더라도 웬만하면 학교에 두는 편이 안전하다.

이렇게 만반의 준비를 하고 기숙사 생활을 시작하더라도 기숙사 규칙을 잘 알고 있어야 불이익을 당하는 일이 없을 것이다.

우리 학교는 현재 상·벌점제를 실시하고 있는데, 벌점이 30점 이상이 되면 징계위원회가 열리고 정도에 따라 징계를 받는다. 사회봉사를 하기도 하고 때때로 퇴사를 당하기도 한다. 대부분의 학생들은 벌점을 만만하게 보는 경향이 있는데 사실 벌점 30점은 생각보다 쉽게 받을 수 있는 점수이다. 실제로 징계를 받은 학생들도 꽤 있다. 그렇기 때문에 벌점관리는 언제나 철저히 해야 한다. 상·벌점은 기숙사와 학교에서 모두 받을 수 있지만, 여기서는 기숙사에서 받는 상·벌점에 대해 소개하려고 한다. 상점은 기숙사 내 질서 유지를 위한 신고, 봉사, 청소, 기타 모범활동을 했을 경우에 받을 수 있다. 하지만 상점 항목이 광범위하고 상점을 받는 것은 힘들기 때문에, 벌점을 받지 않는 것이 더욱 효과적이다.

노트북을 포함한 휴대폰, PMP, I-Pod, 동영상이나 오락 팩이 가능한 전자기기, 고대기 등의 전열기, 음식물 등은 모두 반입금지물품이므로, 기숙사에 반입한 사실만으로도 벌점을 받을 수 있다. 반입금지물품을 가지고 들어오는 것 외에도 사소한 실수로 벌점을 받을 수 있다. 우리 학교는 전원 기숙사 생활을 함으로 모두 6시 40분에 기상하도록 되어 있다. 기상송이 울리면 사감 선생님께서 말한 장소에서 점호나 간단한 체조를 한다. 하지만 가끔 잠에 취한 학생들이 기상송을 듣지 못하고 그냥 자는 경우가 있는데 그럴 경우에는 점호 무단 불참으로 벌점을 받는다. 또 12시 30분에 전체 소등을 하는데, 그때 소등을 하지 않으면 소등시간지연으로 벌점을 받는다. 소등 이후 취침을 하지 않고 있다가 걸리는 경우에는 취침시간 불이행, 정해진 구역을 깨끗이 청소하지 않을 경우에는 청소 불량 등으로 벌점을 받는다. 멀티탭을 끄지 않았을 때 등과 같이 사소하게 쉬운 것들로도 벌점을 받는 경우가 많기 때문에 항상 조금씩 관심을 가지고 생활한다면 즐겁고 행복한 충남외고의 기숙사 생활을 누릴 수 있을 것이다.

기숙사 적응기

영어과 윤예림

2010년 3월 1일. 이날은 내가 충남외고에 입학한 동시에 기숙사에 입사한 날이다. 호실과 침대는 입사하기 전에 미리 제비뽑기를 통해 뽑았다. 뽑은 후에 바로 이름을 써서 내기 때문에 룸메이트가 누구인지도 모른 채 설레는 마음으로 기숙사 호실에 들어섰다. 나를 제외한 나머지 세 명의 아이들은 이미 짐을 풀고 있었다. 나와 책상과 침대를 같이 쓰게 될 친구는 다른 지역에서 와서 처음 봤지만 나머지 두 명의 친구들은 같은 지역에서 와서 이미 안면이 있던 아이들이었다. 3월 한 달은 서로 정말 잘 지냈다. 눈이 많이 오던 어떤 날에는 2층 침대에 네 명 모두 누워 밤새도록 이야기를 하기도 했고, 학교생활에 적응하느라 힘들 때는 서로 위로해주며 지냈고, 또 어떤 날은 같이 과자를 몰래 먹다가 걸려서 함께 벌점도 받았었다.

그러나 시간이 지나 각자의 생활습관이나 성격이 확실히 드러나면서 트러블이 생기기 시작했다. 빨래나 청소 등의 역할분담이

라든지 한 명의 실수임에도 불구하고 전체 호실원이 벌점을 받아야 하는 경우에 그러했다. 특히 우리 호실은 씻는 시간 때문에 많이 싸웠는데, 세면시간은 30분이지만 씻어야 할 사람은 4명이라서 시간이 부족한데다 점호시간 전에 머리를 감기 위해 일어나는 시간이 겹쳐서 곤란할 때가 많았다. 여학생들은 매일 아침 머리를 감는 경우가 대다수인데, 씻는 순서가 밀리게 되면 등교하는 시간에 영향을 많이 받기 때문에 서로 불편해졌다. 그러다 한번은 크게 싸워서 방에 들어가기 싫었던 적도 있었다.

그러나 나중에는 솔직하게 터놓고 이야기하기도 했다. 어떤 방은 서로 마음이 안맞아 울기도 했었다고 한다. 기숙사에서의 일이 아무것도 아닌 것 같지만 학교생활에까지 많은 영향을 미치기 때문에 호실원들과 원활하게 지내는 것이 좋다. 하지만 호실원들이 서로 사이가 안 좋은 방보다는 좋은 방이 많으니 실망하거나 걱정하지 않았으면 좋겠다.

기숙사 생활을 하게 되면 빼먹을 수 없는 한 가지가 있다. 그것은 위에서도 잠깐 이야기한 바 있는 벌점제도이다. 나는 여기에 적응하지 못해 1학년 학생 중에 최고의 벌점을 가지고 있기도 했다. (3월 한 달 동안 15점을 받아서 1등이었다.) 31점이 되면 바로 퇴사 명령이 떨어지고 모든 상의 수상자 목록에서 제외되기 때문에 벌점을 받지 않으려 노력해야 한다. 벌점을 받았다면 상점을 받기 위해 기숙사에서 일을 해야 한다. 나 같은 경우에는 벌점이 20점대를 넘어갔던 적도 있었기 때문에 한번에 3가지 일을 하기도 했다.

에피소드를 하나 이야기하자면, 핸드폰을 소지하는 게 규칙위반임에도 불구하고, 나는 중학교 때 친구들과 너무 연락을 하고 싶어서 핸드폰을 몰래 가지고 있었던 적이 있었다. 그런데 어느 날 밤, 지금껏 한 번도 연락해 본 적 없는 같은 반 남자아이에게 문자가 왔다. 곧바로 답장을 보냈지만 답장이 오지 않았다. 나는 그다지 신경 쓰지 않고 잠을 잤다. 그런데 아침 점호 나가기 전에 기숙사에서 벌점을 담당하고 계시는 선생님께서 직접 방에 찾아와 나를 부르셨다. 나가 보니 선생님께서는 핸드폰을 가지고 오라고 하셨다. 나는 어떻게 아셨을까 속으로 경악하며 호실에 들어가 숨겨 놓은 핸드폰을 꺼내는데, 어찌나 두근거리던지……. 지금도 생각하면 무섭다. 나중에 알고 보니 전날 나에게 문자를 보낸 남자아이가 문자를 보낸 후 남자 사감 선생님께 걸리게 되었고, 거기에 남겨진 통화기록을 보고 나를 찾아낸 것이었다. 물론 내 핸드폰에 있던 통화기록도 조사하시고는 또 다른 친구도 찾아내셨다. 그땐 얼마나 가슴이 철렁하던지 생각만하면 아직도 아찔하다.

하지만 나는 그 이후로 벌점을 1점도 받지 않았고, 바뀐 호실원들과도 아주 잘 지내고 있다.

청춘의 비타민 - 남학생 기숙사

영어과 이규배

인생은 '고통의 수레바퀴'라고 했던 석가모니의 가르침이 머리 속에 맴돈다. 일생은 지루하게 반복되는 일과 속에서의 선택의 연속이라고 하는 것처럼 수능이라는 시점에서 인생 절정의 폭죽을 터트리려는 우리들의 모습도 이와 크게 다르지는 않다. 지루하게 반복되는 일상, 별 볼일 없는 일과 속에서의 우정과 유머, 가끔의 가벼운 소란은 자극제가 된다. 기숙사 생활은 이런 자극제 중에서도 꽤나 강도가 높다.

이 글을 빌어 학생들, 즉 우리 자신에 대한 가벼운 관찰을 해 보려 한다. 기숙사 내에서의 우리들의 모습이다. 남자 기숙사에서의 생활을 객관적인 시각으로 서술해 보려 한다. 누가 남학생들의 일상에 관심을 가지겠냐마는 확실한 건 우리들 대부분이 청춘과 패기로 끓어 넘치는 기숙사 생활에 만족을 느끼고 있고, 기숙사 생활이 입시 스트레스에서 짧지만 굵은 도피처가 되어 준다는 것이다.

아침 6시 40분, 내 시계로는 6시 38분이면 거의 예외 없이 머리 꼭대기 위에 있는 스피커에서 낮고 차분한 여자 사감 선생님의 목소리가 들려온다. 우리더러 일어나라고, 빨리 깨라고, 운동화는 선택이 아닌 필수라고, 가능한 한 빨리 운동장으로 나오라고 재촉한다. 푸념으로 뒤섞인 아이들은 하나둘씩 침대에서 일어나 나갈 채비를 한다. 늦게 사열하는 학년은 그만큼 늦게 들어가기 때문에 늦으면 질책을 면할 수 없다. 적당히 서둘러야 한다. 2층 침대에서 내려오다 사다리를 헛디뎌 둔탁한 소리와 함께 발목에 부상을 입는 아이들도 있다.

5분도 안 되는 점호를 위해 운동장에 모이고, 인원 점검을 마치면 우리들은 기숙사로 복귀한다. 아직 정신이 몽롱한 아이들 대부분은 침대로 곤두박질친다. 누적된 피로를 풀기 위해서 어쩔 수 없다.

부지런한 극소수의 아이들을 제외하면 남학생들은 거의 시간에 쫓겨 샤워를 하고, 교복을 입고, 가방을 챙기고, 밥을 먹는다. 7시 50분이 의무 퇴실 시간임에도 시간에 쫓겨 40분에 나가는 것 정도는 바다에서 물을 보는 것만큼이나 흔한 일이다. 시간에 쫓겨 밥을 먹고, 벌점을 받지 않기 위해 음식물 쓰레기를 버리러 가는 와중에도 밥을 한 술 더 떠 입으로 꾸역꾸역 밀어 넣는다.

학교에서의 시간은 오전 8시부터 오후 5시 40분까지 진행된다.

5시 40분, 종치기가 무섭게 학생들은 계단들을 내려온다. 5시 40분부터 6시 30분까지는 기숙사로 돌아와 옷을 갈아입는다. 단잠을 자는 아이들도 있기에 이 시간의 기숙사는 우리들에게 유대인들의 예루살렘 성지와도 견줄 정도이다. 운동이나 공부를 하려는 아이들은 옷만 갈아입고 헐레벌떡 나가기도 한다. 나머지 아이들은 기숙사에서 잠시나마 안락한 휴식을 취한다.

6시 30분부터 11시까지는(1, 2학년만 해당, 3학년은 자정에 복귀) 다시 학교로 가서 방과 후 수업이나 자기주도학습을 한다. 10시 50분, 내 머릿속에는 할렐루야가 울려 퍼진다. 기숙사 복귀니까. 그리고 11시부터 12시까지는 기숙사 자기주도학습이 시작된다. 감시와 통제를 위해 문은 열어 놓지만 일방적 통제는 받지 않아 아이들 대부분은 그다지 개의치 않는다. 많은 아이들이 공부하는 와중에 농담을 즐긴다. 대화의 주제도 패설에서부터 정치적 비판, 종교 논쟁, 비난에 이르기까지 다양하다. 나는 개인적으로 이 시간이 가장 좋다. 안락한 환경에서 편안한 자세로 공부 혹은 독서를 즐길 수 있으니까. 지금 이 글을 쓰고 있는 시간에도 내 가슴은 11시에서 12시를 어떻게 즐길까 하는 기대감으로 방망이질하고 있다.

12시, 내 시계로 11시 58분이면 정확하게 자기주도학습 종료를 알리는 남자 사감 선생님의 목소리가 울려 퍼진다. 환호성과 함께 아이들은 층간의 제약에서 벗어나 서너 개의 계단을 한 번에 뛰어넘어 친구들에게로 향한다. 나 역시 친구가 있는 방으로 가 여러 주제로 대화를 한다. 말이 좋아 대화지 농담을 주고받을 뿐 이지만 우리의 우정은 이로써 굳어진다고, 호언장담할 수 있다. 통제의 문제로 타 호실에서 잡담을 할 수 있는 시간은 15분이지 만, 많은 아이들이 눈치를 봐가며 취침시간인 30분까지 우정을

만끽한다. 6·25사변 때에도 유랑극단이 돌아다녔고, 전쟁 속에 서도 우정은 계속된다고 했으니 통제 속에서도 우리의 우정은 변 하지 않는다.

12시 반이면 하루 일과를 정리하고 취침해야 한다. 물론 반강제 적이기는 하지만 수면이 부족한 고등학생들의 특성상 베개에 머 리를 대면, 15분 이내에 곯아떨어진다. 나도 예외는 아니다. 몇몇 의 아이들은 1층에 있는 열람실에 가서 공부를 하기도 한다. 하지

만 이들 중 대부분이 부족한 잠을 학교 수업시간에 청한다. 시험 기간이 아닐 때에는 2시 이전에 의무적으로 취침해야 하며, 이렇게 학생들의 일과는 막을 내린다.

학교에서 여학생들과 이야기를 하다 보면 여자 기숙사라고 해도 남자 기숙사와 크게 다를 건 없는 것 같다. 남자, 여자 기숙사의 공통점은 청춘과 열정이며, 이것이 바로 각각의 개성을 누르고 공부해야 하는 학생의 신분임에도 이를 꿋꿋이 이겨나갈 수 있게 하는 원동력이라 자부한다. 끓어오르는 패기, 뒤바꿀 수 없는 사춘기의 추억, 이런 기운이 기숙사에 흘러넘치기 때문에 우리들은 이렇게 즐겁게 학교를 다닐 수 있는 것이 아닐까?

집보다 기숙사 – 여학생 기숙사

기숙사 생활을 한지도 벌써 1년 반이 훌쩍 지났다. 처음 집을 떠나 기숙사에서의 첫 날의 느낌이 아직도 생생한데 말이다. 충남외고에 합격하면서 기숙사 생활에 대한 기대가 컸지만, 막상 기숙사 생활을 하려 하니 눈앞이 캄캄했다. '빨래도 제대로 할 줄 모르는 내가 과연 기숙사 생활을 잘할 수 있을까?' 온갖 걱정과 낯선 환경 탓에 기숙사 생활 첫날에는 새벽 2시가 넘어서까지 뒤척이다 겨우 잠들었었다. 그러나 이제는 기숙사가 내 집처럼 편안하다. 나는 정기 외박을 신청해 일주일에 한번 집에 가지만, 한 달에 한번 집에 가는 친구들 중에서는 기숙사가 집보다 더 편하다고 말하는 친구도 있다.

여느 기숙사 학교와 마찬가지로 우리 학교 역시 사감 선생님이 계신다. 여자 사감 선생님 두 분과 남자 사감 선생님 한 분이시다. 우리가 탈선하지 않고 올바르게 기숙사 생활을 할 수 있도록 철저히 지도해 주신다. 특히 여자 사감 선생님께서는 우리가 아프거나 할 때 부모님처럼 우리를 걱정해 주시고 챙겨 주셔서 항상 감사하다.

하지만 이렇게 고마우신 사감 선생님이 야속할 때가 하루에 딱 한 번 있다. 바로 아침 점호 시간이다. 우리 학교는 오전 6시 40분에 기상해서 운동장으로 나가 점호를 하는데, 아침 기상곡과 함께 우리를 깨우는 사감 선생님의 목소리가 각 호실에 울려 퍼진다. 특히 아침잠이 많은 나는 아침마다 일어나는 게 너무 힘들어서 기상곡이 다 끝난 뒤에야 일어나서 옷을 갈아입고 나가곤 한다.

기숙사 생활을 하면서 얻은 좋은 습관도 많다. 기숙사에 입학하기 전에는 간단한 세탁기 작동도 어떻게 하는지 몰랐던 내가 이제는 빨래하는 요일마다 룸메이트들과 같이 빨래도 척척하고 방 청소도 깨끗이 한다. 매일 아침 자의든 타의든 일찍 일어나기 때문에 중학교 시절 늦잠을 자던 버릇도 없어졌고, 아침밥도 자주 걸렀었는데 이제는 룸메이트들과 함께 아침밥도 매일 잘 챙겨 먹게 되었다. 무엇보다 기숙사 생활을 하면서, 다른 사람과 마찰 없이 어울리는 법과 그것의 중요성을 조금이나마 알게 되었다.

우리 학교는 룸메이트를 6개월에 한 번씩 바꾼다. 6개월은 짧을 수도 있고 길 수도 있는 시간이다. 한 방에서 3명 또는 4명의 친구들과 함께 지내는데 룸메이트와 잘 맞으면 좋은 친구를 얻음

과 동시에 6개월을 정말 즐겁게 보낼 수 있지만, 룸메이트와 생활 패턴이나 성격이 맞지 않으면 기숙사에 들어가기도 싫은 6개월을 보내게 될 수도 있다. 그러나 어떤 6개월을 보내는가는 마음가짐에 달린 것 같다. 생활 패턴이나 성격이 맞지 않다 할지라도 서로 조금 양보하고 배려하면 큰 마찰 없이 잘 지낼 수 있다. 기숙사에서의 단체생활은 우리가 정신적으로 조금 더 성장할 수 있는 기회가 되었다.

오직 기숙사에서만 경험할 수 있는 즐겁고 소중한 추억도 많다. 한번은 시험기간 중에 라면이 너무 먹고 싶어서 룸메이트와 한밤중에 컵라면을 먹은 적이 있다. 다들 오랜만에 먹는 라면이라 흥분해서 맛있게 먹고 있었는데, 그 순간에 사감 선생님이 전달 사항을 전해주러 갑자기 들어오시는 바람에 몰래 라면을 먹던 것을 들키고 말았다. 선생님이 문을 열고 들어오시는 순간 컵라면을 들고 있던 우리는 얼음처럼 얼어 버렸고, 선생님께서도 순간 당황하시던 눈빛이 아직도 선명하다. 결국 우리는 모두 벌점을 받았지만, 지금은 그것도 오직 기숙사 생활에서만 경험할 수 있는 값진 추억이라 생각하고 있다.

우리 학교는 시험기간에 4교시까지는 시험을 보고 점심을 먹은 후 기숙사에 들어가서 휴식을 취하거나 공부를 한다. 기숙사에서 룸메이트와 함께 공부하는 것은 또 다른 즐거움이다. 혼자 공부하기가 지루하고 지칠 때, 룸메이트와 함께 공부하면 더 즐겁게 할 수 있다. 나 역시 시험기간 기숙사 자기주도학습시간에 종종 룸메이트들과 공부를 같이 하곤 했다. 교과서의 중요한 부분을 요약해서 설명해주고, 퀴즈를 내주고, 필기를 보완하기도 하면서 시험 보기 전 마지막 공부를 했고, 그렇게 공부했던 것이 기억에 더 잘 남아서 시험 문제를 풀 때 도움이 되었던 적이 많다. 근현대사나 국사 같은 흐름의 이해가 중요한 과목은 시험을 치기 전 이 과목들을 이해하고 있고 재미있게 설명해주는 룸메이트에게 특별 수업을 받고 좋은 성적을 받은 적도 있다.

기숙사 생활을 통해 맺은 인연은 아주 소중하다. 유머 감각이 뛰어나고 노래 부르기와 춤추는 것을 좋아하던 내 전 룸메(우리는 룸메이트를 이렇게 줄여 부르곤 한다.)는 내가 우울해 보이면 각종 성대모사, 노래(마치 오페라 가수 같다.), 아직도 잊혀지지 않는 웃긴 춤사위로 나를 웃게 만들곤 했다. 그 친구 덕분에 나는 한 학기 동안 즐거운 추억을 많이 만들었다. 또 다른 룸메이트와는 서로 고민을 나누면서 가까워졌고 힘들 때마다 서로 의지했다. 지금도 단순한 룸메이트가 아니라 여러 가지 이야기를 나누면서 좋은 친구로서 지내고 있다.

많은 친구들이 말하길, 1학년 첫 룸메이트가 가장 기억에 남는다고 한다. 나 역시 공감한다. 처음으로 집을 떠나 생활하게 된

만큼, 많이 낯설고 두렵고 학교생활에도 적응이 완전히 안 됐을 때, 가장 큰 힘이 되어 준 것이 룸메이트였으니까 말이다. 한 학기 동안 서로 의지하면서 이야기도 많이 하고 서로 힘이 되어 주었다.

또 기숙사 생활에서 느낀 가장 큰 깨달음은 가족의 소중함이다. 한 달에 한번 보는 가족을 더욱 소중히 생각하게 되었고, 예전에는 당연하게만 생각했던 부모님께서 해 주시던 모든 것들이 더욱 감사하게 느껴졌다.

이렇게 좋은 경험과 많은 깨달음을 얻을 수 있는 기숙사 생활을 할 수 있다는 것에 대해 너무나 감사하고, 앞으로 남은 1년 동안 기숙사 생활을 더욱 의미 있고 즐겁게 보내고 싶다.

벌점 No! 기숙사 퇴사 경험기

일어과 송유리

기숙사에 들어온 첫 날, 기숙사 규정에 대한 설명을 들으면서 나는 벌점 20점 이하를 유지하는 모범생이 되겠다고 다짐했다. 그러나 일주일 후부터 나의 다짐에 금이 가기 시작했다. 처음에는 소등 불량으로 가볍게 1점, 청소 불량으로 또 1점, 처음에는 이렇게 작은 벌점으로 시작되었다.

그러던 어느 날 기숙사 자기주도학습시간에 감독을 하시던 사감 선생님이 조용히 날 부르셨다. 그러고는 조용히 음식물 반입이라 적힌 5점짜리 벌점카드를 주셨다. 알고 보니 학교에서 먹다 남은 과자가 가방에서 떨어져 기숙사 의자 뒤에서 나뒹굴고 있었던 것이다. 너무 어이가 없고 억울해서 사감 선생님께 학교에서 먹다 남은 것이라 아무리 사정해도 달라지는 건 없었다. 그래도 이때까지는 그다지 벌점에 대해 걱정되지 않았다. 그러던 어느 날 고데기를 사용하려고 들고 있었는데 지나가던 사감 선생님께 발각되었고, 고데기를 빼앗기고 벌점 5점을 받았다. 기숙사에 들어온 지 채 1달이 되지 않아 벌점 10점이 넘으니 초초해지기 시작했다. 그래도 그 이후에는 벌점 추가 없이 벌점 12점으로 1학기를 끝낼 수 있었다. 그러나 비극은 새로운 방 배정과 함께 시작되었다. 제일 먼저 새로운 방에 도착해 짐정리를 하고 있던 나는 방으로 들어오는 내 새로운 룸메들을 보자마자 두려워졌다. 강지민, 박한별, 전유진(모두 가명) 모두 벌점 고득점자에다가 꼼꼼하지도, 조용하지도, 깨끗한 성격도 아니었다. 내 예상처럼 우리는 첫날부터 벌점을 받았다. 그리고 다음날도 떠들다가 걸려 사감실에 내려가 혼났다. 그때부터 우리 방은 사감선생님의 주시를 받게되었고, 매일 밤 엘리베이터 안 벌점 공고문에서 우리의 이름이 없는 날을 찾기란 어려웠다. 그래도 그때까지는 벌점이 아직 20점대 초반이어서 마음에 여유가 있었다. 그러나 방학이 시작되고, 새로운 벌점 규칙이 생겨났다. 바로 멀티탭! 멀티탭을 끄지 않으면 벌점 5점을 받게 된다. 벌점 5점은 핸드폰 사용, 음식물 반입, PMP 사용에 해당되는 가장 타격이 큰 벌점이다. 이미 벌점 고득점자들은 멀티탭을 끄지 않아 벌점을 받게 되면 기숙사 생활과 안녕인 것이다. 처음에는 멀티탭 검사가 소홀해, 걸리는 사람이 없었다. 그렇게 모두들 멀티탭이란 벌점 제도를 잊어가고 있었다. 그러던 중 방학 때 주말 정기 외박자였던 나는 집에서 지민이의 전화를 받았다. 지민이는 자신은 멀티탭 불량으로 벌점 5점을 받았고, 나는 멀티탭 불량에 청소 불량으로 벌점 8점을 받았다고 했다. 처음에는 지민이의 장난전화인줄 알았다. 그러나 기숙사에 돌아와 보니 벌점 8점 카드가 내 책상 위에 올려져 있었다. 허탈했다. 한 번의 실수로 벌점 27점이 되었다. 초초해졌다. 그때 한별이가 자신은 벌점 42점 넘고, 나현이(가명)는 벌점이 50점 가까이 된다며 안심해도 된다고 나를 위로했다. 하지만 다음날 소등 불량으로 벌점이 30점이 되었다. 그때서야 '아! 이건 진짜 아니다!'라는 생각에 상점활동을 신청했지만 이미 신청자가 꽉 차 개학 후에나 상점활동을 할 수 있었다. 엎친 데 덮친 격으로 나는 이틀 뒤 소등 불량에 에어컨 때문에 벌점 2점을 더 받게 되었다. 나는 개학하면 상점활동을 열심히 해서 꼭 벌점을 20점대로 만들겠다고 다짐했다. 그러나 개학하자마자 선생님께 불려 갔다. 나와 지민이, 또 2명의 아이들이 2층 교무실에 모였다. 그리고 우리는 선생님의 전화통화 내용을 듣게 되었다. 선생님은 지민이 어머니와 통화를 하고 계셨다. 통화 중 선생님은 "한 달만 고생하고 나면 태도가 변할 거예요"라고 하셨다. 한 달만 고생이라……. 뭔가 잘못되어 가고 있다는 생각이 들었다. 그때 마침 통화가 끝났고 선생님께서는 우리에게 퇴사 통보를 내리셨다. 설마 설마 했는데 퇴사라니. 생각해 보니 벌점 42점이라던 한별이는 그 자리에 없었다. 한별이는 이미 상점 활동을 해 놓아 벌점 26점이 되어 있었다. 나는 이 학교에 들어오면서 했던 다짐을 지키지 못한 것 때문에 나 자신에게 실망했다. 패닉이었다. 퇴사란 것을 상상도 못해 봤기 때문이었다.

나는 선생님이 부모님께 이 사실을 알리시기 전에 내가 먼저 해명해야겠다고 생각하고, 바로 공중전화로 뛰어가 전화를 걸었다. 그리고는 "웬일이냐?" 묻는 엄마에게 "퇴사"라 말했다. 엄마는 몇 마디 말과 함께 전화를 끊어 버리셨다. 불안감에 전화기에서 손이 떨어지지 않았다. 그때 옆에서 전화하던 지민이가 자신의 부모님들은 오히려 자신을 위로해 주셨다고 했다. 앞으로 일주일 뒤면 퇴사다. 일주일 뒤면 기숙사로 가는 아이들 틈에서 빠져나와 집으로 가야하는 것이다. 집이 천안이고 집 앞에 바로 학교행 버스가 있어 통학이 힘들 것 같지는 않았지만 일주일 뒤 엄마의 얼굴을 어떻게 봐야할지 혼란스러웠다. 솔직히 그때까진 많이 실감이 나지 않았다. 퇴사 통보를 받은 지 3일 뒤 우리는 교장선생님의 호출을 받았다. 우리는 떨면서 교장실에 들어갔다. 예상과 달리 교장선생님께서는 조용히 우리를 훈계하셨다. 그리고 다음 날 열린다는 징계위원회에 대해 듣게 되었다. 우리 반인 하늘이가 퇴사 위기에서 징계위원회를 통해 구사일생한 것이 생각났다. 퇴사를 피할 수 있는 희망이 생긴 것이다. 그러나 결과는 퇴사에 징계 일주일, 마지막 희망이 사라졌다. 퇴사 전날 조용히 짐을 싸기 시작했다. 우리 방은 2명만이 남게 되었다.

퇴사 당일 도서실 옆에 짐을 쌓아 놓았다. 쌓아 놓은 짐을 보니 그때서야 실감이 나기 시작했다. 뒤숭숭한 하루가 끝나고 집으로 가야 할 시간이 되었다. 아이들이 다가고 난 뒤 나는 조용히 엄마를 기다렸다. 자기주도학습이 끝나고 20분 뒤 엄마가 오셔서 조용히 짐을 차에 옮기셨다. 나는 집으로 가는 동안 죄책감에 말이 나오지 않았고, 엄마도 화가 나서 그런지 어이가 없어서 그런지 한 마디도 하지 않으셨다. 집에 도착해서도 아무런 말을 하지 않으셨다. 숨 막히는 밤이었다.

다음날 아침, 만나는 친구들마다 나를 위로했다. 엄마와의 어색한 분위기만 아니면 힘들지 않다 생각했었는데 친구들까지 위로를 하니 이상하게 서글퍼졌다.

등교할 때는 출근시간을 피해 가야 하기 때문에 기숙사에서 보다 40분 일찍 일어나야만 했다. 처음에는 힘들었는데 일주일 정도 지나고나니 익숙해졌다. 등교 시에는 주의할 점이 두 가지 있다. 첫째는 월요일과 금요일은 평소보다 차가 막히기 때문에 10분 정도 일찍 나가야 한다는 것이고, 둘째는 학교에 적당한 시간에 도착해야 한다는 것이다. 만약 점호시간에 도착하면 차에서 내리는 순간부터 들어갈 때까지 뜨거운 시선을 받게 된다.

나는 집에 갈 때 최대한 밝은 표정으로 아이들에게 인사를 했다. 그래야만 동정의 눈길을 피할 수 있고, 슬퍼지지 않는다.

　절대 끝나지 않을 것 같던 퇴사 기간이 일주일 정도 남았을 때, 나는 기분이 이상해졌다. 퇴사 기간이 끝나간다는 사실이 기쁘기도 했지만, 다시 기숙사에 들어가야 한다는 사실이 슬프기도 하고 집을 떠나야 한다는 것도 아쉬웠다.

　기숙사로 돌아가기 전날. 기숙사에서 가져온 짐을 다시 쌌다. 한 달간의 퇴사생활이 끝난 것이다. 기숙사에 돌아온 순간 나는 다시 한 번 다짐했다. 퇴사는 고등학교 생활 3년 중 한번이면 족하다고. '다시는 이런 일이 발생하지 않도록 하자.'고.

　이렇게 나의 퇴사 경험은 끝났다. 지금도 퇴사 이야기가 나오면 그때의 불안감이 생각나서 겁나기도 하지만 기숙사 학교에서만 가질 수 있는 특별한 경험이라 생각하기로 했다. 그리고 이번 경험을 토대로 바른생활 청소년이 되기로 결심했다. 다시 기숙사에 들어온 지 1달이 되어 가지만 나는 아직 벌점 1점도 받지 않았다.

part · 2

외고인은 이렇게 공부한다

입학 전 공부방법

영어과 조하영 & 공예은

중학생들은 고등학교에 진학하기 위하여 많은 것들을 준비한다. 자신의 꿈이 무엇인지 생각해 보고 그 꿈을 위해 진로를 생각하다 보면 가장 우선적으로 필요한 것은 고등학교 진학이라는 것을 알게 된다. 화가가 되고 싶은 학생이라면 한 번쯤 예술 고등학교로 진학하는 것을 생각해 볼 것이고, 프로그래머가 되고 싶은 학생이라면 인터넷 고등학교로의 진학을 생각해 볼 것이다.

여러분은 어떤 꿈을 위해 외고에 진학하려 하는 것인가? 그리고 어떠한 준비를 하고 있는가? 이제부터 우리가 외고에 진학하기 위하여 계획하고 준비했던 것들을 하나씩 하나씩 살펴보자.

1 큰 꿈(목표)을 가지자

나의 꿈은 어렸을 때부터 지금까지 단 한 가지, 외교관이 되는 것이다. 물론 외교관이 되는 길은 어렵겠지만 '꿈은 높게 잡아라.'라는 말도 있고, 내가 정말로 하고 싶은 일이기에 포기하지 않았다. 그리고 그 꿈에 조금이라도 더 가까워지기 위해서 외국어고 등학교라는 특수목적 고등학교에 들어가야겠다고 마음 먹었다. 나는 이것을 중학교 1학년 때부터 생각했고, 계획해서 노력한 결과 충남외고 '합격'이라는 우선적인 목표를 이루게 되었다. 외교 관이라는 목표를 가지고 있었고, 그 목표를 위해 또 다른 목표 즉, 외고 합격이라는 방향을 설정해 남들보다 더 일찍 더 많이 준비를 할 수 있었던 것이다.

누구든지 목표가 없으면 방향을 잃고 헤매기 일쑤이다. 자신의 흥미와 적성을 오랜 기간 살펴보며 자신에게 꼭 맞는 꿈과 직업을 찾아보자. 그러면 훨씬 분명해진 시야를 통해 해야 할 일과 방향이 보일 것이다.

자기관리를 철저히! 성실하게 노력하자

나는 어렸을 적 항상 부모님께 꾸중을 들곤 했다. 해야 하는 일들을 제때 하지 않았기 때문이다. 초등학교 방학숙제였던 일기쓰기는 개학하기 일주일 전에 급히 몰아서 쓰기도 했다. 정리정돈도 제대로 하지 않아 책상에 온갖 잡다한 물건들이 가득해서 책한 권 펼 공간이 없었을 정도였다. 그러다 나는 중학교에 올라가면서 조금씩 달라지기 시작했다. 자기관리의 중요성을 알게 된것이다.

주위의 공부 잘하는 친구들을 보면 자기관리를 정말 철저히 한다. 시간표를 세우고 계획에 방해가 될만한 것들은 일찌감치 없애 버린다. 컴퓨터, 핸드폰, 심지어 친구들을 만날 때도 유혹에 빠지지 않으려고 시간을 정해두고 엄수한다. 항상 꾸준하게 자신 나름의 페이스를 잃지 않는 성실함과 노력이 그 친구들의 비법이었던 것이다. 계획을 세우고 자신과 약속한 일이 있으면 자신에게 엄격해야 한다. 계속해서 미루고 자신에게 관대해지면 이도저도 이루지 못하고 결국은 최고의 목표에 도달하지 못할 것이다.

내신은 나를 보여주는 거울이다

내신은 자신의 학교생활을 반영하는 거울과 같다. 우리나라 학생이라면 가장 신경 써서 관리해야 하는 것도 내신이다. 내신을 잘 관리하려면 공부 방법이 제일 중요하다고 생각되기에 나의 입학 전 공부 방법을 소개하고자 한다.

1) 국어 − 내가 생각하기에 국어는 공부한 양과 성적이 비례하는 과목은 아닌 것 같다. 글을 잘 이해하는 것이 가장 중요하기 때문에 이해력이 필요한 과목이다. 글을 읽고 이야기하고자 하는 내용이나 내포된 이야기를 잘 알 수 있어야 하고, 최대한 지문을 많이 읽어 두는 것이 좋다. 나는 어릴 때부터 책

을 좋아해서 많이 읽어왔는데 이것이 이해력 향상 등의 방면에서 많은 도움이 된 것 같다. 독서는 국어뿐만 아니라 수능 언어영역에도 많은 도움이 되므로 틈나는 대로 책을 읽는 것이 좋은 방법이다.

2) 수학 – 나의 경험으로 수학은 노력하는 만큼 성적이 나오는 과목인 것 같다. 풀어 본 문제 양과 실력이 거의 비례한다고 할 수 있는데, 많은 유형을 접해 보고 기본 실력을 익힌 후에 고난이도 문제들을 풀어 보면 실력이 향상되는 것을 느낄 수 있을 것이다. 기본 개념을 확실히 잡는 것이 가장 중요하다. 조금의 선행 학습도 필요하다고 생각한다.

3) 사회 – 사회는 다섯 가지 주요과목 중 내가 가장 취약한 과목이다. 그래서 다른 과목보다 더 열심히 공부했는데, 사회는 이해하는 것뿐만 아니라 암기가 중요하다. 세계사나 국사는 흐름을 이해하면서 공부하면 쉽다.

4) 과학 – 내가 사회를 못해서 그런지는 모르겠지만 내 생각엔 사회보다 과학이 오히려 더 외울 것이 없는 과목인 것 같다. 과학은 현상이나 법칙 등을 단순암기하려 하지 않고, 원리

등을 생각하며 이해해 나가면 굳이 외우지 않아도 알 수 있는 것들이 많다. 물론 암기할 것은 암기해야 한다.

5) 영어 – 영어는 이 시대를 살아가는 모든 사람들에게 필수이다. 요즘은 영어를 못하면 경쟁에서 살아남지 못한다. 영어는 더 일찍 시작할수록 유리하다. 문법은 기본적으로 알아야 하고, 독해를 열심히 해야 한다. 나는 단어가 조금 부족한데 단어는 정말 열심히 외워야 한다. 단어가 독해의 기본이기 때문이다. 듣기는 많이 할수록 좋다. 나는 CNN 등을 들으며 듣기 공부를 했다. 나는 영어를 정말 좋아하기 때문에 더 열심히 공부하게 되었던 것 같다. 문제도 많이 풀었는데, 영어도 문제를 많이 풀어 보고 접할수록 문제를 푸는 능력이 느는 것 같다. 풀다 보면 자신만의 스킬이 생긴다.

6) 외고 대비 – 나는 외고에 올해 입학하였는데 내가 입시를 준비할 당시의 입학 전형은 내신 300점 만점에 영어 듣기 시험 100점이었다. 나는 전교생이 무척 적은 중학교에 다녔기 때문에 내신 점수가 그리 높은 편이 아니었다. 그래서 듣기 시험을 정말 열심히 준비했다. 음악 대신 CNN 방송을 듣고 학교 수업시간 외에는 계속 영어 듣기만 공부했다. 영어

중 듣기를 제일 못했기 때문에 더 필사적으로 준비하게 되었던 것 같다. 열심히 준비해서 결국은 충남외고에 입학하게 되었다.

4 2011학년도 입학 전형은 어떠했나?

아래의 자료를 보면 알 수 있듯이 2011학년도 입학 전형은 1단계 영어 내신 점수와 2단계 입학사정관으로 나뉘어져 있다.

1) 전형절차

1단계	2단계
'영어 내신(160)+출결(감점)'로 모집정원의 1.5배수 선발	'1단계 성적+면접(40)'으로 모집정원 선발

※ 특례입학대상자전형은 2단계 면접만 실시한다.

2) 전형요소 및 배점

구 분	1단계		2단계(면접)			계
	영어내신	출결	자기주도 학습 및 계획	독서 활동	봉사 · 체험활동	
배 점	160점	감점	20점	12점	8점	200점

위에서 보았듯이 올해 우리 학교 신입생 전형에서 제일 큰 비중을 차지했던 것은 영어 내신이다. 2학년 1학기부터 3학년 2학기

까지의 영어 내신이 평균 2등급 내에 들어야 지원 자격이 주어지고, 지원자들 중 1.5배수를 선발하여 면접을 본다. 그러니 일단 가장 중요한 것은 영어 내신을 잘 관리하는 것이다. 그래야 면접을 볼 기회도 주어진다.

중학교는 고등학교보다 영어 난이도가 낮기 때문에 영어 내신 관리하기가 한층 수월하다고 할 수 있다. 중학교 때는 대부분 교과서에서 문제가 나오기 때문에 교과서에 실린 본문을 거의 외우다시피 공부하고, 본문 속에 있는 중요한 문법들을 위주로 심화 학습을 하는 것이 좋다. 하지만 모든 문제를 교과서에서 내지는 않기 때문에 평소에 별도로 단어를 외우고, 문법과 독해 공부를 해 놓는 것이 많은 도움이 될 것이다. 진심으로 외고에 진학하고 싶은 학생이라면 이 정도의 영어 공부는 할 것이라고 생각한다.

5 입학사정관제를 준비하자

2011년부터 충남외고의 입학 전형은 사정관제로 바뀌었다. 지금까지 '공부'만 해 온 학생들에게 입학사정관제라는 생소한 문(門)은 도무지 무엇을 어떻게 준비해야 할지 감조차 잡기 힘든 관문이었을 터이다. 새롭게 자리 잡은 입학사정관제. 지금부터 조금씩 알아가며 준비해 보자.

입학사정관제란 학생들의 발전 가능성을 보고 선발하는 제도이다. 그리고 그 가능성을 알아보기 위한 자료로 2011년도 충남외국어고등학교 입학 전형에서는 봉사활동과 독서활동을 요구했다. 이 기록들로 무엇을 알고자 하는 것일까?

1) 봉사활동

봉사활동을 통해서는 '지속성'을 평가한다. 사정관들은 봉사활동을 '몇 시간이나 했는가?'가 아니라 '어디에서, 얼마나 지속적으로 했는가?'를 평가한다. 입학사정관들의 입장이 되어서 지원자 중 한 명을 선택해야 한다고 가정해 보자. 봉사활동 시간이 100시간이나 되지만 시간 기록 이외에 아무런 기록이 없는 학생과 봉사활동 시간은 80시간이지만 그때그때의 느낌을 기록한 학생, 둘 중 누구를 선택할까? 어떤 달엔 40시간을 하고 3달 가량 봉사활동 기록이 없다가 3달 후에 또 4~50시간을 한 학생과 매달 10시간씩 8~9개월을 꾸준히 활동한 학생 중 누구를 선택할까? 우체국, 소방서, 국립도서관, 요양원 등으로 계속 봉사활동 장소가 바뀌는 학생과 자신의 꿈과 관련이 있는 한 곳에서 그곳의 사람들을 알아가고 일도 배워가며 활동한 학생, 누구를 선택하겠는가? 입학사정관제는 상대적이다. 다른 사람보다 더 나은 지속성과 꾸준함, 그리고 목적성을 보여줄 수 있어야 할 것이다.

2) 독서활동

혹시 당신은 독서를 좋아하는가? 독서는 외고나 대학 입시 때문에 중요한 것이 아니다. 중요하기 때문에 입시에서 반영하는 것이다. 독서를 하면 생각의 폭이 넓어지고 교양을 쌓을 수 있을 뿐 아니라 이해력을 높일 수 있어 수능 언어영역에도 도움이 된다. 실제로 책을 좋아해서 어릴 때부터 많은 책을 읽어 온 학생들은 '언신(언어의 신)'이라고 불릴 정도로 언어를 잘한다.

독서의 중요성은 더 이상 말하지 않아도 잘 알 것이다. 외고에서도 좋은 책들을 많이 읽은 학생들은 뽑고 싶어 한다. 그 때문에 독서기록을 보는 것이다.

자신의 독서 상황을 기록하는 것은 정말 중요하다. 그러나 독서는 양보다 질이다. 양이 중요하지 않다는 것은 아니다. 질이 그보다 더 중요하다는 것이다. 그렇다면 어떤 것이 좋은 독서일까? 무분별하게 닥치는 대로 읽는 것은 효율적이지 않다. 시간이 무한정 주어지지 않는다면 자신에게 더 도움이 되는 책을 읽는 것이 좋다. 남이 추천해주는 책을 읽는 것도 좋지만, 자신이 직접 필요하고 읽고 싶은 책을 고르고, 자신이 원하는 진로에 관련된 책을 읽어야 기록뿐 아니라 자신에게도 큰 도움이 된다. 여기서 주의해야 할 것은 기록을 위한 독서를 하면 안 된다는 것이다. 사실 나도 어릴 때부터 책 읽는 것을 좋아했는데, 독서를 해서 해가 되는 것은 전혀 없다. 독서를 많이 하자!

3) 학습계획서와 자기소개서를 미리미리 준비하자!

입학사정관제에서 가장 중요한 것은 학습계획서와 자기소개서이다. 충남외고뿐만 아니라 다른 모든 고등학교에서 요구하는 사항이지만 입학사정관제를 실시하는 우리 학교에서는 특히나 더 중요하다. 사정관제의 궁극적인 목적은 스스로 자신을 소개하고 어떤 사람인지를 알리는 것이다. 바로 'Who you are?'이다. 그러나 면접이 진행되는 4~5분이라는 짧은 시간 내에 한 사람을 대략적으로라도 파악한다는 것은 거의 불가능하다. 따라서 기본적이고 객관적인 자료를 이용할 수밖에 없는데 그것이 바로 위에서 말한 봉사활동 기록과 독서활동 기록 그리고 지금 말하려 하는 학습계획서와 자기소개서이다.

학습계획서는 점수로 반영되지는 않는다. 하지만 자기주도학습 능력을 가장 명확하게 보여줄 수 있는 요소 중 하나면서 자기소개서와 함께 자기만의 색깔을 가장 잘 드러낼 수 있으므로 중요하다.

사정관들은 면접에서 자기소개서와 학습계획서를 토대로 질문한다. 이때 대답과 작성된 자료의 사실 여부와 정확성, 일관성 등을 보며, 또 얼마나 다양한 경험을 했는지, 목표와 계획이 구체적인지 등을 평가한다. 이러한 요소들에 부합하는 대답을 미리 지금부터 준비해 나가야 한다. 꼭 기억하자. 나를 알리는 것이 가장 중요하다는 것을.

언어영역 공부방법

중국어과 이혜진

내가 충남외고에 입학한 후 첫 번째로 몰두한 것은 외고 입시 준비를 하면서 소홀히 해 떨어졌던 수학 실력을 높이는 것이었다. 수학 공부에 열중한 나머지 언어영역이나 외국어영역을 등한시하게 되었다. 그 결과 언어영역은 1등급 중에서도 상위 등수를 차지하던 내가 3등급까지 떨어져 버렸다. 그래서 나는 언어영역 성적을 올리기 위해 주변 사람들에게 도움을 청했다. 지금부터 내가 말하는 방법들은 언어영역 3등급이었던 내가 다시 1등급으로 성적을 올리는 데 도움을 준 비법들이다.

첫 번째, 언어영역에서 가장 중요한 것인데, 그것은 바로 주관 개입을 하지 말아야 한다는 것이다. 나는 내가 언어영역 문제를 풀 때 주관을 개입하는지도 몰랐는데, 주변 사람이 조언을 해주어서 깨닫게 되었다. 그 조언은 바로 문제를 풀 때 스스로 어떤 사고과정을 하는지 생각해 두라는 것이었는데, 이 방법은 내가 잘못된 사고를 하고 있다는 것을 깨닫게 해준 아주 중요한 과정이었다. 이 과정을 통해서 내가 문제를 풀 때 "~같아요."라는 주관을 개입한다는 것을 깨달았다. 아무것도 아닌 것 같지만 이것은 점수를 떨어뜨리는 주된 요인이었다. 주관을 개입시키지 않는 것은 내 잘못된 사고방식 중에서 가장 고치기 힘들었던 것인데 이것을 고치고 나니 점수가 거의 10점 정도 올랐다.

그러니 자신도 모르는 사이에 나오는 주관을 개입하지 말자. 이 것만 바로 잡아도 비문학 같은 경우는 거의 틀리지 않을 수 있다. 내 생각으로 추측해서 문제를 풀지 말고, 지문에서 근거를 찾아서 풀자.

두 번째, 비문학 부분을 등한시 하지 말 것. 나는 문학보다 비문학을 많이 틀리는 편이었다. 그래서 비문학을 풀 때의 비법들을 소개하고자 한다. 보통 전국에 있는 고등학교에서는 비문학보다 문학에 치중해 수업을 한다. 문학은 그 안에 숨겨진 의미를 파악해야 하기 때문에 우리가 그 숨은 의미를 다 파악하기는 어렵기 때문이다. 하지만 문학에 치중하다 보면 비문학에 소홀한 경우가 있다. 고3 시기가 되면 문학도 난이도가 높아지지만 비문학 지문에 나오는 용어도 더 어려워진다. 따라서 지문을 이해하지 못하고 그냥 눈으로만 읽는 사태가 발생하기도 한다. 그것을 막기 위한 방법으로 단락마다 번호를 적어두고 각 단락의 주제를 달면 그 단락에만 집중할 수 있어서 이해를 보다 쉽게 할 수 있다. 그

리고 '그러나' 같은 부사에 표시를 해두면 쉽게 진짜 주제를 찾을 수 있다. 가짜 주제에 포인트를 맞추면 문제풀이에 영향을 끼치기 때문에 진짜 주제를 찾는 일은 아주 중요하다. 그리고 독해를 해야 한다. 이 말은 지문에 있는 문장을 그대로 보지 말고 그 안에 숨겨진 의미를 생각하자는 것이다. 물론 처음부터 모든 것을 생각할 수는 없지만 계속 그 문장의 의미를 파악하려고 하면 첫 문장만 보고도 그 지문의 주제가 무엇인지 대강의 개요를 머릿속에 그릴 수 있다.

세 번째, 시간 조절. 이것은 정말 중요하다. 자신이 아무리 바른 사고를 한다고 해도 시간이 부족하면 말짱 도루묵이 된다. 조언을 하자면 언어영역 문제를 풀 때 시간이 부족한 사람들은 처음에 연습할 때 한 지문마다 읽고 문제를 푼 다음 시간을 체크하라는 것이다. 시간을 체크하면 시험을 볼 때만큼은 아니지만 어느 정도 긴장이 되기 때문에 좀 더 집중해서 문제를 풀 수 있다. 이 훈련을 한 달 정도 하고, 2개의 지문으로 늘려서 문제를 풀어 보자. 왜냐하면 하나의 지문으로 문제를 계속 풀다 보면 하나의 지문은 잘 풀 수 있지만, 시험을 칠 때는 10여 개의 지문을 보고 문제를 풀어야 하기 때문에 여러 개의 지문을 읽어도 집중도가 떨어지지 않게 연습을 해야 한다. 그리고 시험을 칠 때에는, 지문이 10여 개 정도가 있는데 그것을 반씩 나누어서 풀자. 반씩 나누어서 25분 정도 시간을 정하고 풀자. 이 과정은 적당한 속도로 문제를 푸는지 확인하기 위해서이다. 문제를 푸는데 27분 30초가 넘게 걸린다면 문제 푸는 속도가 느린 것이니 속도를 조금 올리는 편이 좋고, 문제를 푸는데 23분 정도가 걸리면 너무 빨리 풀고 있는 것이니 속도를 조절해 가며 풀 필요가 있다. 이렇게 시간을 정해두고 풀면 자기가 어떤 속도로 문제를 풀고 있는지 알 수 있기 때문에 시간 배분에 도움이 될 것이다.

네 번째, 쓰기영역은 마지막에 풀 것. 지문을 먼저 읽지 않으면 시간이 부족한 경우에는 지문은 읽지도 못하고 문제를 포기해야 하는 최악의 사태가 발생할 수도 있기 때문이다. 지문을 여유 있게 제대로 읽고 문제를 푼 다음 쓰기영역을 풀면, 쓰기영역을 먼저 풀고 독해 문제를 푸는 사람보다는 시간이 부족할 때 찍는 문항수가 적을 것이다. 쓰기영역도 '배점이 꽤 높지 않나?'고 의문을 제기하는 사람도 있는데, 내가 풀어 본 결과, 쓰기영역은 마지막에 시간이 부족해도 그 안에 풀 수 있었다. 그러므로 집중도가 높은 초반의 시간을 쓰기영역에 쏟지 말고 지문에 쏟아라.

마지막으로 다섯 번째, 이 비법은 앞서 말한 모든 비법을 뛰어넘을 수 있는 것이다. 바로 오답노트! 좀 생소하지 않은가? 많은 사람들이 수학 오답노트는 만들라고 하지만, 언어 오답노트를 만들라고 하는 사람은 거의 없었을 테니 말이다. 하지만 이 과정은 매우 중요하다. 왜냐하면 앞서 말한 모든 비법을 익혀도 일정 수준의 점수까지 밖에 올라가지 못하기 때문이다. 이런 한계를 뛰어넘고 이 오답노트를 통해 진정한 언어영역의 신이 될 수 있다. 오답노트는 내가 문제를 풀 때 했던 사고과정과 올바른 사고과정을 비교하며 작성한다. 만약 이것이 귀찮다면 적어도 이 문제를 풀 때 자신이 어떤 실수를 했는지를 적어 두자. 만약 주관적으로 문제를 풀었다면, 문제 밑에 '주관개입금지!'라고 적어 두거나, 지문에서 근거를 찾지를 않았다면 '지문에서 근거 좀 찾자!'라는 말을 써두는 것이다. 이 오답노트를 꾸준히 하다 보면 수능날 언어영역을 보기 전에 자신이 해왔던 실수들을 돌아보며 이런 실수를 하지 말아야겠다는 다짐과 함께 시험에서도 좋을 결과를 얻을 수 있을 것이다.

수리영역 공부방법

중국어과 여혜원

　대부분의 학생들이 교과목 중 가장 큰 어려움을 겪은 것은 수학일 것이다. 공부를 해도 어렵고 시험만 보면 망치고. 이런 이유로 '수학은 어렵다.' 하고 포기해 버리기 일쑤이다. 하지만 알고 보면 전혀 어렵지 않고 알면 알수록 재미있는 과목이 수학이다.

　일단, 수학 실력을 기르기 위해서는 많은 시간을 투자해야 한다. 많은 시간 동안 공부할수록 성적도 쑥쑥 오르게 된다. 그렇다면 어떤 방법으로 공부하는 게 좋을까?

　고등학교에 들어와 새로운 내용을 배울 때, 학교 수업만 듣고 개념 정리를 하고 진도를 나가려면 '이해하기 힘들고, 따라가기도 힘들다.'라는 생각이 많이 들 것이다. 그래서 나는 학기 시작 전 방학, 1학기 내용은 겨울 방학 때, 2학기

내용은 여름 방학 때 공부해 학교 수업에 대비했다.

'수학 예습'이라고 하면 뭔가 '거창하고 대단하다.'라고 느껴질 것이다. 하지만 용어와 개념을 가볍게 한번 접해본다는 식으로 접근하면 부담이 줄어들 것이다.

예습할 때, '나 혼자 할 수 있어! 교과서만 열심히 파면 돼!'라고 생각하는 학생들도 있는데 의지가 강하다면 혼자 하는 것도 나쁘지는 않다. 그렇지만 혼자서 처음 보는 내용을 이해하고 문제풀이에 적용하는 것은 쉽지 않다. 낯선 기호와 풀이에 머리가 지끈지끈 아프고 공부하려는 의지마저 없어지기 쉽다. 그래서 나는 인터넷 강의나 학교 보충수업을 추천한다. 충남외고는 아무래도 기숙사 학교라 학원보다는 학교에 전적으로 의지하게 되는데, 방학 때는 방과 후 학교를 통해 체계적인 수업을 꾸준히 받을 수 있다. 학교 수업이 여의치 않다면 EBS나 사설 인터넷 강의 중 자신에게 적합한 수업 방식과 수준에 맞는 강의를 골라 꾸준히 듣는 것도 효과를 얻을 수 있다.

나는 학교 수업을 방학 때 매일 2시간씩 들었다. 빡빡한 수업을 놓치지 않고 따라가기 위해서 그날 배운 내용은 자기주도학습시간에 복습했다. 인터넷 강의를 들을 때도 마찬가지이다. 당일 복습은 정말 중요하다. 그날 바로 복습하지 않으면 잊어버리기 쉽고 계속 미루다 보면 분량이 차곡차곡 쌓여서 눈덩이처럼 불어나고 말기 때문이다.

배운 내용을 복습할 때는 먼저 그날 수업의 필기 내용을 한번 쭉 써보길 바란다. 이것은 단순히 글씨 쓰기 연습이 아니라 수업 당시의 상황, 선생님이 하셨던 이야기들을 떠올리면서 배운 내용을 자연스럽게 체득하는 것이다. 그리고 그 후 수업시간에 쓰는 교재 혹은 따로 나눠준 프린트 문제를 푼다. 여기까지는 보통 모든 학생들이 하고 있을 거라고 생각하는데, 그 다음에는 기본서 (정석이나 개념원리 같은 문제집)의 기본 문제를 배운 범위까지 푼다. 만약 시간에 여유가 있고 더 많은 문제를 풀고 싶다면 뒤의 연습 문제, 혹은 실전 문제와 같은 심화된 문제를 푸는 것도 좋다. 하지만 너무 부담 갖지는 말자. 기본 문제를 풀고 개념을 명확히 이해했다면 다음 학기 수업 예습은 충분히 끝냈다고 할 수 있다.

가장 중요한 본 수업은 학기 중의 학교 수업을 말하는데, 충남 외고는 기숙사 학교라 대부분의 학생들이 따로 학원을 다니지 않기 때문에 학교 수업을 중심으로 말하겠다. 사람마다 다르겠지만 나는 혼자 공부할 때 집중을 잘하지 못하는 편이라서 수업을 여러 번 들었다. 학교 방과 후 수업까지 합쳐서 3~4번 반복해서 들으니 개념이 확실하게 이해되어 나중에 고난이도 문제를 풀 때도 많은 도움을 얻었다. 나의 경우는 강의를 여러 번 듣는 것이 집중이 더 잘되고 효율적이기 때문에 그런 것이지 반드시 똑같이 해야 할 필요는 없다.

수업을 듣고 난 다음에는 예습할 때와 마찬가지로 개념 정리를 한 번 더 해준다. 그 후에 문제를 통해 그 개념을 적용하는데 이 때는 기본 문제보다는 심화 문제를 위주로 푼다. 많은 문제를 풀어 유형화된 문제를 익혀 두는 것이 좋다. 이것이 바탕이 되어 더 어려운 문제도 쉽게 풀 수 있다.

수학 공부를 할 때 지금 나가고 있는 진도에 중점을 두어야 할지, 복습하는 데 중점을 두어야 할지 시간 배분 때문에 여러 친구들이 고민할 거라고 생각한다. 나도 한때 시간 배분을 어떻게 해야 하나 고민했다. 나는 진도에 뒤처지지 않고 잘 따라가는 것이 더 중요하다고 생각해서 거기에 중점을 두었다. 복습은 위에서 말한 방법대로 개념 정리를 다시 하고 심화 문제를 풀며, 이와 동시에 앞부분에 공부한 내용을 잊어버리지 않기 위해 계속해서 유형화된 문제를 풀었다. 하루에 3시간 수학공부를 한다고 하면, 2시간은 진도에 중점을 두고, 1시간은 복습을 하면서 심화 문제를 푸는데 시간을 분배해 공부했다.

복습할 때 개념을 정리하는 방법으로는 마인드맵을 이용할 수 있다. 선생님이 추천해주신 아이디어인데 단원별로 마인드맵을 만들어 관련된 아이디어를 연결하면 개념을 한눈에 볼 수 있어서 많은 도움이 된다.

이 책을 읽는 학생들 중에 대다수가 무작정 문제를 많이 푸는 것이 성적 향상에 더 좋다고 생각할지도 모른다. 그렇지만 앞에서 계속 강조했듯이 여러 번 계속 반복해서 개념을 정리하는 것이 가장 중요하다. 개념을 정리할 때는 단순히 암기하는 것이 아니라 이해를 바탕으로 한 암기가 되어야 한다. 다시 말해, 단어 외우듯이 달달 외워서는 아무런 효과가 없다는 말이다. 특히 공식을 외울 때는 그 증명 과정을 알고 암기하는 것이 더 이해하기도 좋고 암기하기도 쉽다. 처음 보는 공식이 나왔을 때 증명 과정을 읽어 보고, 자기 스스로 한 번 증명해 본다면 머릿속에 공식이 쏙쏙 박힐 것이다.

또 수학 문제를 풀다가 틀리면 무작정 풀이를 보는 것이 아니라 무엇이 잘못되었는지 고민해 볼 것을 권한다. 풀이과정을 점검해서 계산이 잘못되었는지, 아니면 논리적인 모순이 있는 것인지 확인해 본다. 아무리 봐도 모르겠다면, 해답지를 보되 쭉 읽지 말고 어떠한 방향으로 풀어나갔는가만 확인하고 다시 혼자 힘으로 풀어 본다. 그리고 며칠 후에 같은 문제를 또 다시 풀어 보면 어느새 머릿속에 풀이방법이 남게 될 것이다. 틀린 문제를 오답 노트를 통해 정리하는 것도 좋은 방법이다. 실수로 틀린 문제보다 개념을 잊어버렸거나 독특한 풀이 방법이어서 알아두면 좋겠다 싶은 문제 위주로 정리한다. 노트를 반으로 접어서 한 쪽에 문제를 쓰고 다른 한 쪽에 풀이 과정을 쓰는 방법, 혹은 한 면에 문제를 쓰고 뒷면에 풀이를 쓰는 방법으로 정리할 수 있다. 개인별로 각자가 편한 방법으로 오답노트를 작성하는 것이 좋다. 이런 식으로 꾸준히 공부를 한다면 어느새 수학의 신이 되어있지 않을까?

충남외고는 자기주도학습시간이 많아 혼자 수학 문제를 고민해 볼 수 있다는 장점이 있다. 공부하다가 모르는 것이 있으면 선생님께 여쭤볼 수도 있다. 자기주도학습시간에 일정 시간을 투자해 수학 공부를 한다면 쉽게 수학 성적을 올릴 수 있을 것이다. 자신감을 가지고 꾸준히 실천해 나가면 수학 성적이 눈에 띄게 향상되어 있는 자신의 모습을 발견하게 될 것이다.

수학 오답노트 활용법

영어과 나문희

수학 공부의 중요한 키워드 중 하나는 바로 오답노트이다. 사람에 따라서 오답노트가 필요하다, 필요하지 않다 말하는 경우가 있지만, 나는 도움을 많이 받았기 때문에 오답노트 작성을 꼭 추천한다. 오답노트는 시험이 코앞인데 문제집을 다시 펴보기는 시간이 부족할 때 들춰볼 수 있는 나만의 보물이 될 수도 있다. 또 오답노트를 작성하면서 문제를 머릿속에 정리할 수도 있다.

사람들이 오답노트를 꺼리는 이유로는 틀린 문제를 다 정리하려면 시간이 많이 걸려서, 귀찮아서 등이 있다. 하지만 틀린 문제를 모두 다 정리할 필요는 없다. 자신이 틀린 문제들 중에는 실수한 것도 있고 오답 정리를 할 만큼의 문제가 아닌 것도 있을 것이기 때문이다. 여기서 '오답 정리를 할 만큼은 아닌 문제'라는 것은 몰라서 틀렸지만 해답지나 설명을 통해 완벽히 이해했고, 다음에 보았을 때 틀리지 않을 자신이 있는 문제를 말한다. 확실하게 이해는 했지만 다음에 비슷한 유형이 나왔을 때 풀 수 있을지 확신이 들지 않는다면 며칠 뒤에 그 문제를 한 번 더 풀어 보길 바란다. 다시 풀었을 때의 정답 여부에 따라 자신이 재량껏 오답 정리를 하면 된다.

오답 정리 하나를 하는데는 대개 5분, 길어야 10분이 걸린다. 오답노트의 중요성에 비하면 이 정도 시간은 귀차니즘을 떨쳐 버리고 투자할 만하다고 생각한다.

오답노트를 작성할 때의 요령을 주자면, 첫 번째는 깨끗이 쓰라는 것이다. 왜냐하면(이것은 심리적인 이유이긴 하지만) 보기 좋은 것이 먹기도 좋다고, 깔끔하고 알아보기 쉬워야 자꾸 보게 되고 자신의 오답노트에 애착이 생기기 때문이다.(애착이 생기면 나중에는 오답노트 작성에 재미를 느낄 수도 있다. 물론 이것은 나의 경우이긴 하다.) 두 번째는 문제집에 있는 문제를 토씨 하나 빼놓지 않고 똑같이 써야 한다는 것이다. 물론 객관식 문제를 주관식으로 바꿔서 정리할 때는 조금 달라질 수도 있다. 하지만 수학 문제는 단어 하나, 어구 하나가 힌트이면서 문제 해결의 열쇠인 경우가 많기 때문에 귀찮다고 문제를 요약해서 쓰다 보면 자칫 중요한 것을 빼먹어서 아예 다른 문제가 될 수도 있다.

모두 오답노트의 달인이 되어 수학을 꽉 잡을 수 있길 바란다.

외국어영역 공부방법

영어과 이정민

외국어고등학교. 외국어에 관심이 많고 외국어를 심도 있게 공부하고 싶은 학생들이 모이는 곳이다. 외고에 진학한 학생들 대다수는 명색이 외고생인데, 뛰어난 친구들 사이에서 자신이 뒤쳐질까봐 영어에 많은 부담감을 느낀다고 한다. 하지만 제대로 된 공부 방법만 있다면 외국어영역 만점, 이것은 불가능한 것이 아니다.

외국어영역 공부하기

모의고사 3교시는 어떤 과목일까? 바로 외국어영역이다. 일상생활에서 많이 쓰이는 영어. 학생들의 영어 사용 능력을 외국어영역이라는 이름으로 70분 동안 시험을 통해 평가받는다. 외국어영역은 총 50문제로, 듣기 17문제, 독해／어휘／문법 33문제로 이루어져 있다. 외국어영역, 과연 어떻게 공부하는 것이 좋을까?

1 듣기영역

다 아는 단어들인데 막상 듣기 시간에는 하나도 들리지 않고……. 듣기영역을 유난히 어려워하는 친구들이 많이 있다. 우선 듣기영역을 시작하기 전에는 문제를 한번 훑어봐주는 것이 좋다. 문제를 보지 않은 상태에서 듣기시험을 보면 당황하기 마련이므로 문제를 훑어봐주는 것이 바람직하다. 듣기는 많이 들으면 들을수록 좋다. 평소에 CNN이나 BBC같은 프로그램을 시청한다면 영어가 귀에 익숙해져 듣기에 많은 도움이 될 것이다. 하지만 이런 영어프로그램이 너무 딱딱하고 어렵다 싶은 친구들은 영화를 볼 때 자막을 보기보다는 직접 대사를 알아들으려고 노력하고 팝송을 들을 때도 가사를 이해하기 위해 노력하는 등 일상생활에서 쉽게 할 수 있는 것으로도 듣기실력을 늘릴 수 있을 것이다. 하지만 방법을 아무리 많이 알아도 실천하지 않는다면 아무 소용이 없지 않은가? 무엇보다 실천하려는 노력이 중요하다.

2 문법, 독해영역

하나씩은 헷갈리는 문법문제. 이런 문법문제들을 어떻게 정리해야 할까? 나는 문법 오답노트를 만드는 것을 추천한다. 시험에 나오는 문법은 유형이 어느 정도 정해져 있다. 그러므로 틀린 문법 문제를 정리해서 틈틈이 복습한다면 많은 도움이 될 것이다.

독해는 문제집을 한 권 사서 꾸준히 푸는 것이 가장 좋다. 영어는 언어이므로 문제를 푸는 감각을 잃지 않는 것이 중요하다. 하루 분량을 정해 꾸준히 풀어 나가는 것만큼 좋은 방법은 없을 것이다. 틀린 독해 문제는 꼭 다시 한번 풀어 보고 지문 속에 있는 보물 같은 단어도 챙기길 바란다.

3 영어, 영어, 영어

영어의 기본은 '단어'라고 해도 과언이 아닐 만큼 영어에 있어서 단어는 매우 중요하다. 실제로 영어 단어를 모르면 영어를 알아들을 수도 지문을 읽을 수도 없기 때문에 평소에 단어 실력을 쌓는 것은 중요하다. 그래서 나는 자신만의 단어장을 만드는 것을 추천한다. 단어장을 만들어서 모르는 단어를 채워나가고 틈날 때마다 본다면 성적에 큰 도움이 되리라 생각한다.

원서를 읽는 것도 영어 실력을 높이는 좋은 방법이다. 원서를 고를 때는 너무 어려운 것보다는 자신의 수준에 맞는 것을 골라 읽는 것이 좋다. 자신의 수준에 맞지 않는 것을 고른다면 영어가 더 어렵게 느껴질 수 있으므로 주의해야 한다. 원서를 읽으면서 영어가 더욱 익숙해지는 것을 느낄 수 있을 것이다.

모든 공부가 마찬가지겠지만 공부를 하면서 가장 중요한 것은 마음가짐일 것이다. 영어 공부를 하기 싫고 귀찮고 어려운 것으로 생각하지 말고 재미있고 즐거운 마음으로 대한다면 분명 좋은 성적이 따를 것이다. 영어에 대한 부담감과 걱정을 떨쳐버리고 할 수 있다는 마음으로 열심히 공부한다면 분명 멋진 외고생이 될 수 있으리라 믿는다.

내신 관리방법

영어과 박민설

　우수한 학생들이 모여 있는 우리 학교의 가장 큰 단점은 내신 점수가 잘 나오지 않는다는 점이다. 중학교 때는 늘 상위권을 맡아 하던 학생들이 외국어고등학교에 와서 가장 좌절하게 되는 것도 바로 내신 성적 때문이다. 하지만 원하는 대학에 가려면 내신 성적을 아예 포기해서는 안 된다. '1~2등급은 아니더라도 4등급 이상은 유지해야 한다.'라고 대부분의 선생님이 말씀하신다. 나 역시 내신 성적이 그렇게 좋은 편은 아니지만, 2년 동안 외고에서 공부하며 터득한 팁 몇 가지를 말하고자 한다. 이 방법이 도움이 되어서 각자가 원하는 곳에 진학하는데 내신이 걸림돌이 되지 않았으면 좋겠다.

1 국어

　내신 국어와 수능 언어를 별개로 생각하는 학생들이 많다. 하지만 내신에서 공부한 작품들이 수능에 자주 출제되는데다가, 내신을 통해 문학을 좀 더 깊고 자세히 공부할 수도 있다. 작품에 대한 전반적인 이해도 중요하지만, 내신 국어의 고득점 문제는 대부분 선생님께서 강조해서 설명하신 곳에서 나온다. 그래서 나는 수업시간에 선생님께서 하시는 소소한 말들도 필기하려고 노력한다. 이때 중요한 것은 본문에 바로 설명을 적지 않는다는 점이다. 관련 내용에 줄을 쳐놓고 교과서 여백에다 필기를 한 다음 화살표 등으로 연결해 놓는다. 나중에 복습을 하며 내용을 다시 한 번 정리해서 본문 위에 옮겨 적는다. 이렇게 복습을 하고, 문학 자습서 등으로 보충 정리를 한다면 더욱 좋은 성적이 나올 것이다. 또 중요한 것은 교과서를 여러 번 읽어 보아야 한다는 것이다. 대부분의 학생들은 국어 교과서를 시험 전날 한두 번 보고 만다. 하지만 나는 국어 시험을 보기 전에 교과서를 최소한 세네 번은 정독할 것을 추천한다. 교과서를 정독할 때에는 그저 읽는 것이 아니라 선생님이 강조하신 부분을 집중해서 보고, 옆에 붙어 있는 딸림 자료들을 읽고, 중요 구절에 뜻을 적고, 모르는 단어를 찾는 등 교과서를 내 것으로 만들려는 노력을 해야 한다. 이러한 과정을 통해 국어 내신을 철저히 준비하고, 시험 시간에 지문 읽는 시간을 줄일 수가 있다. 또 보충 문제집이 있다면 한 번 풀고 오답정리를 하는 것이 좋다.

2 수학

수학은 벼락치기가 안 되면서 내신 점수를 마구 깎아 먹을 수 있는 공포의 과목 중 하나이다. 나도 내신 수학에서 고전을 면치 못했다. 하지만 수학에 대한 두려움을 극복하면서 어느 정도까지 성적을 올릴 수 있었다. 중학교 때는 수학 성적을 크게 걱정하지 않았지만 고등학교에 들어와서는 수학 점수가 수직 하락하기 시작했고, '잘 쳐야 한다.'란 긴장감과 부담감에 수학 시험 전에는 손이 부들부들 떨릴 정도로 수학에 대한 두려움이 커져만 갔다. 긴장을 하니 풀 수 있는 문제임에도 손대지 못하기도 하고 실수가 무더기로 나오기도 했다. 지금은 많이 나아졌지만, 여전히 수학 시험 전에는 심장이 두근거리고 시험이 끝난 후에는 거의 혼이 나간 듯이 지치고는 한다.

수학은 평소에 공부하는 것이 가장 중요한데, 이때 경시해서는 안 될 것이 수학 교과서와 익힘책이다. 특히 익힘책 문제를 외울 정도로 풀다 보면 점수 향상에 큰 도움이 될 것이다. 나는 익힘책과 EBS 교재, 사설 출판사 교재 한두 권 정도를 정해 놓고 그것들을 잡아먹겠다는 정신으로 문제를 푼다. 이때 소거법이란 것을 사용하는데, 한 번 풀은 문제집에 채점을 하고 틀린 문제나 찍어서 맞춘 문제는 표시해 놓고 두 번 세 번 풀어가며 점점 모르는 문제를 줄여 나가는 것이다. 나처럼 오답노트를 쓰기 귀찮아 하는 학생들에게 추천하는 방법이다. 시험 전날에는 소거법을 통해 끝까지 남은 문제들과 수학 익힘책에서 고난도 문제들을 다시 풀어 보는 것이, 새로운 문제를 푸는 것보다 더욱 도움이 된다고 생각한다.

3 사회탐구

평소에는 많은 시간을 들여 공부하지 않지만 시험 때가 되면 학생들을 압박하는 것이 바로 사회탐구 과목들이다. 중학교 때는 하루 전 벼락치기로 가능했지만 고등학교에 오면 교과서 외적인 문제나 고난이도 문제들이 많이 나와 벼락치기가 거의 불가능하다. 사회탐구 과목을 준비하기 위해 내가 중학교 때부터 해오던 방법은 바로 요점정리이다. 중학교 때 엄마의 권유로 시험 전에 꼬박꼬박 한 권씩 만들어 왔는데, 처음에는 요점정리 자체가 부담이었다. 세세히 모든 것을 적으려 몸부림쳤다. 몇 년 동안 계속해서 만들면서 요령을 터득했고, 요점정리 노트는 나의 보물단지가 되었다. 요점정리를 하다 보면 과목별 내용이 정리됨은 물론, 직접 써보는 과정에서 머리에 각인이 돼서 잊어버리지 않을 것이다. 잘 정리가 되지 않는 과목이라면 인터넷 강의 등으로 보충을 하는 것도 좋은데, EBS 강좌가 부담 없이 듣기에는 좋다.

4 제2외국어

제2외국어는 중학교 때 영어 시험 대비하듯이 공부한다고 생각하면 쉽다. 단어를 외우는 것이 반인데다가, 선생님께서 짚어 주신 것 이상에서는 거의 나오지 않는다고 보면 된다. 교과서 본문을 거의 외울 듯이 읽고, 쓰다 보면 교과서에 나온 문장을 토대로 내는 대부분의 문법 문제도 맞출 수 있을 것이다.

5 기술·가정, 미술, 음악, 체육 등의 예체능

말이 필요 없이 선생님의 말씀에서 다 나오는 과목들이다. 조금만 신경 쓰면 성적이 잘 나온다. 나중에 의외로 이런 소소한 과목들이 내신의 발목을 잡게 될 수도 있으므로, '남들보다 한번만 더 보자.'라는 생각으로 공부하면 좋다.

6 수행평가 관리

고등학교의 수행평가는 중학교 때처럼 결코 만만하지 않다. 학생들도 모두 열심히 하는 데다가 선생님들께서도 난이도 높고, 정성이 들어가야 하는 수행들을 내 주신다. 수행평가는 전적으로 자신의 성실성에 달린 것이기에, 큰 조언이 필요하지 않을 듯하다.

다음은 우리 학교의 힘들기로 소문난 수행평가들이다.

1) 원서 읽고 리딩로그 작성

2학년 때 1년 동안 영어권 책 9~10권과 중어, 일어권 책 2권의
원서를 읽고 영어로 독후감을 작성해서 내는 수행평가이다. 영어
과의 경우 거의 한 달에 한 번 꼴로 수행평가를 제출해야 해서,
부담이 되지만, 실력 향상과 보람은 크다.

2) 스피치, 인터뷰

중국어, 일어, 영어로 각각 진행되는 회화/작문 과목 수행평가
이다. 원고를 쓰고 첨삭하고 외우는 일뿐만 아니라 아이들과 선
생님 앞에서 말을 해야 한다는 것에서 긴장감을 준다. 하지만 이
로 인해 발표력과 작문 능력이 향상되기도 한다.

3) 작문 수행평가

2학년 때 실시되는 작문 과목의 수행평가이다. 외국어로 글을
쓴다는 것이 부담은 되지만, 외고의 특성을 잘 나타내 주는 수행
평가이다.

7 시간 관리 팁

내신 시험 직전에는 무엇보다 시간 확보가 중요하다. 나는 보통 3주 전부터 내신 시험 대비에 들어가는데, 1주는 요점정리와 인터넷 강의 청취를, 2주는 문제풀이와 개념 심화를, 마지막 주는 암기 및 오답정리 등으로 나눠서 시험 대비를 한다. 우리 학교는 시험 2주 전부터 기숙사에서 새벽 2시까지 공부할 수 있도록 허가한다. 이 시간까지 공부하는 것도 좋지만, 자신의 수면 시간을 잘 파악하고 적절히 시간 관리를 해야 한다. 무엇보다 수업시간에 졸지 않는 것이 중요하다. 시간을 좀 더 세세히 활용하기 위해서는 스케줄러를 활용하면 좋다. 스케줄러에 시간별로 적어서 대략 하루를 어떻게 보낼 것인지 짜 놓는다면, 소중한 시간을 낭비하는 일은 없을 것이다.

여기까지가 내 경험에서 몇 줄 적어본 작은 팁들이다. 내신은 수능 공부하기에도 바쁜 학생들에게 부담이 될 수 있고, 공부해도 그만큼의 효과가 없어 보이는 애물단지일 수도 있다. 하지

만 내신을 위한 공부는 수능 공부의 기초이다. 내신이라는 계기가 없다면, 하루 종일 열정적으로 달달 외우거나 하는 일은 없을 테니까. 내신 관리를 즐기면서 한다면, 분명 내신은 애물단지가 아닌 나를 내세울 수 있는 보물단지가 될 것이다. 파이팅!

방과 후 학교

영어과 장지원 & 중국어과 한채영

1학년

충남외고는 단순히 학과 수업을 받고 자기주도학습만 하는 곳이 아니다. 수업시간 외에도 추가로 수업을 들을 수 있는 프로그램이 있는데, 그것이 바로 방과 후 학교이다.

1 방과 후 학교란?

방과 후 학교란 말 그대로 학교 방과 후의 학교, 즉 일과 후에 수업이 이어진다는 것이다. 방과 후 학교는 정규 수업의 연장선이자 수업시간에 부족했던 것들을 보충하는 시간이다. 수업시간에 하기 힘든 문제집 풀이나 문학 작품 감상 등을 할 수 있어서 매우 유용한 시간이다.

2 어떻게 운영되는가?

방과 후 학교 시스템은 개인적으로 신청을 받는다. 충남외고 홈

페이지에서 방과 후 학교 배너를 누르면 방과 후 학교 수업을 신청할 수 있는 창이 나온다. 그곳에서 듣고 싶은 수업을 신청하면 된다. 예전에는 선착순 신청이라 인기 수업은 신청을 시작한지 몇 초 만에 마감되곤 했지만 이제는 사전 조사를 거친 다음 컴퓨터실에 가서 일괄적으로 신청을 하기 때문에 예전처럼 듣고 싶은 수업을 신청하지 못하는 불상사는 일어나지 않게 되었다. 방과 후 학교 수업은 월요일부터 수요일에는 8교시부터 11교시까지 진행되며 7교시 수업이 없는 목요일에는 7교시에도 수업을 진행한다. 다른 수업들과 시간이 겹칠 때가 많으니 사전에 수업 편성표를 살펴보고 시간이 겹치지 않도록 조정해야 한다.

3 어떤 수업이 있는가?

크게 네 가지로 구분한다면 언어, 수리, 외국어, 인증 강좌로 나눌 수 있다. 각 영역에는 여러 종류의 수업들이 있으며 각자 적합한 수업을 골라 수강하면 된다.

1) 언어영역

언어영역에는 수능 언어, 문학, 논술반이 있다. 앞의 두 과목은 수능 언어영역을 위한 수업들이라고 할 수 있다. 논술 수업은 이번 겨울 방학부터 시행할 예정이다.

수능 언어

수능 언어 시간에는 언어영역에 대한 전반적인 대비를 한다. 듣기를 제외한 쓰기, 문학, 비문학, 문법 등의 분야를 짧은 시간 안에 두루 훑어본다. 각 분야에 세 시간씩을 분배해서 수업하기 때문에 깊이 있는 공부를 하기에는 어려운 점이 있다.

문학

문학에는 고전, 현대 문학이 있다. 여러 가지 작품들을 풀어봄으로써 수능에 대비한다.

논술

논술 수업은 이번 겨울 방학부터 실시할 예정이다. 아직 수업을 해 본 적이 없어서 어떤 방향으로 진행될 것인지 정확히 알 수는 없지만 일주일에 두 번, 선생님께서 첨삭을 해 주시는 방법으로 시행될 것으로 보인다.

2) 수리 영역

학생들이 가장 많이 신청하고 어려워하는 과목이다. 그만큼 수업의 종류도 다양하다. 학기 중에는 SKY수학, 수학 중급, 수학 심화반이 개설되고 방학 중에는 예습, 복습반이 생긴다.

SKY수학

이 수업은 'SKY수학'이라는 교재로 수업을 진행한다. 난이도가 낮은 문제부터 높은 문제까지 폭넓게 익힐 수 있다. 문제량도 많은 편이라서 다양한 문제 유형을 만난다.

수학 중급

비교적 쉬운 교재인 '1등급 만들기'로 배운다.

수학 심화

수학 심화 수업은 최고난이도 문제집인 '한수 위 고등수학'으로 진행한다. 숙제로 풀어온 문제들 중 어려웠던 문제들을 질문 받아서 풀이를 하는 방식으로 진행된다. 우리 학교 수학시험은 문제가 굉장히 어렵기 때문에 고난이도 문제를 많이 풀어 보는 것이 좋다.

수학예습

예습 수업은 방학 기간에 실시하는 수업으로 '수학의 정석'이 교재이다. 여름 방학 때에는 2학기 수학을, 겨울 방학 때에는 수학1 예습을 나간다. 이 수업은 두 시간 연이어 진행된다.

수학 복습

복습 수업도 방학 중에 하는 수업이다. 선생님께서 제본하신 책을 교재로 사용한다.

3) 외국어 영역

외국어고등학교라는 특성에 걸맞게 학생들의 영어 실력은 상당하다. 때문에 영어 방과 후 학교 활동도 수준이 매우 높다. 영어 수업은 수능 영어와 텝스로 나뉘어 진다.

 수능 영어

수능 영어 시간에는 수능 예상문제들을 풀어 본다.

 텝스

서울대학교에서 주관하는 텝스 시험을 대비해 만들어진 수업이다. 듣기 파트를 제외한 문법, 독해, 읽기 부분을 다룬다. 선생님께서 나눠 주시는 복사물을 풀어 본 다음, 선생님의 풀이를 듣는 방식이다. 단어와 문법적인 사항들을 잘 알 수 있다.

4) 인증 강좌

인증 강좌란 자격증을 위한 수업시간이다. 3개의 강좌가 있는

데 한국사 인증, HSK, JPT가 그것이다. 한국사 인증 수업은 학교 시험과 수능과도 관련이 있다. 한국사 인증 수업은 주로 10~11교시 야간 자율학습 시간 중에 실시한다. HSK는 중국어 능력시험이다. 중국어과 학생들이 주로 수강하고 있고 영어과 학생들도 수강한다. 초보단계부터 배울 수 있으므로 난이도 때문에 걱정할 필요는 없다. 그리고 마지막으로 일본어 능력 시험인 JPT 수업은 2학기 때는 신청 인원이 부족해서 폐강되었던 적이 있다.

2학년

우리 학교는 열심히 하는 학생들이 많은 만큼, 방과 후 학교 수요가 굉장히 높은 편이다. 방과 후 학교는 정규 수업시간이 끝난 후 진행되는 선택형 수업으로 언어, 수리, 외국어를 중심으로 이루어진다. 방과 후 학교 선택형 수업 때 개설되는 강좌에는 논술이나 외국어 공인시험(TEPS, HSK, JLPT)을 준비하는 학생들을 위한 선택형 수업이 있다.

수능에서 언어, 수리, 외국어 점수를 중요시하기 때문에 2학년 중반까지는 사회탐구 과목은 거의 개설되지 않는다. 하지만 1학년 때 배운 국민 공통 교과목이자 서울대 입학을 위한 필수과목인 국사는 운영된다.

방과 후 수업은 학기가 시작하고 2~3주 정도가 지나 모든 과목이 개설되었다 가정하고 학생들의 수요도를 조사한다. 조사결과를 바탕으로 학생들의 수요도가 낮은 과목은 폐강된다. 우리 학교 방과 후 수업은 논술을 제외하고는 모두 본교 선생님들이 지도하기 때문에 값이 싸다. 최대 수업 정원은 30명이다. 이때 되도록 많은 학생들이 신청해야 방과 후 학교 수업을 위해 1인당 내는 비용이 줄어든다. 학생 수가 15명 미만인 경우에는 그만큼 1인당 부담해야 하는 비용이 커지기 때문에 폐강되는 경우가 많다. 하지만 폐강 위기의 강좌라도 그 강좌를 신청한 학생들에게 다시 설문조사를 해서 학생들이 더 비싼 수강료를 내더라도 그 수업을 듣고자 한다면 수업이 개설된다. 방과 후 학교 수업 담당 선생님께서 수요도가 높았던 강좌들의 시간을 배치한 종이를 각 반에 나눠 주시면 최종 선택이 이루어진다. 최종 선택이 끝나면 반마다 차례로 컴퓨터실로 가 최종 선택한 과목들을 방과 후 학교 수업 페이지에서 신청한다. 수업을 선택하지 않은 학생들은 자기주도학습을 한다.

　방과 후 수업 선택이 끝나면 바로 수업이 시작되는데 각 반마다 방과 후 수업 반 배치와 시간이 쓰인 종이가 다시 나누어 진다. 7교시까지 정규수업이 진행되는 월, 화, 수요일에는 8교시부터 10교시(8시~8시 50분)까지, 6교시면 정규수업이 끝나는 목요일에는

7교시부터 10교시까지 방과 후 학교 수업이 진행된다. 금요일은 방과 후 학교 수업이 없는 날로 7교시부터 자기주도학습을 하기 때문에 그동안 밀린 공부를 할 수 있다. 논술 수업은 주말에 진행되며 한번 할 때 3시간씩 수업한다.

충남외고 학생들과 선생님들의 뜨거운 열정이 불타는 방과 후 학교, 참여해 보고 싶지 않은가?

자습고등학교에서 살아남기

영어과 임혜성

　우리 학교 학생들은 하루에 적게는 3시간, 많게는 12시간이 넘게 교실에서 자기주도학습을 한다. 평일은 물론 토, 일요일, 공휴일에도 자정까지 학교의 불은 꺼지지 않는다. 게다가 자정이 넘어서는 원하는 학생들은 공부할 수 있도록 기숙사에 열람실까지 갖추어져 있다. 우리 학교 학생들은 1학년 때부터 다른 일반계 고등학교 2~3학년 학생들보다 많은 양의 공부를 소화해야 한다. 집에도 한 달에 한번 밖에 갈 수 없기 때문에 주말 동안 끊이지 않고 쌓이는 누적 학습량은 어마어마할 수밖에 없다. 우리 학생들은 이런 엄청난 학습량을 어떻게 이겨낼까? 과연 그들은 무엇을, 어떻게 공부하는 것일까?

　평일에는 6~7교시면 정규수업이 끝난다. 학생들의 발걸음은 더욱 바빠진다. 방과 후 학교 수업이 마련돼 있기 때문이다. 전교생이 기숙사에 살다보니 비싼 사교육은 꿈에서조차 사치이다. 대신 실력 있는 학교 선생님들께서 그 자리를 채워 주신다. 거의 모든 학생이 원하는 강좌를 수강할 수 있다. 수요만큼 공급이 보장 되기 때문이다. 그렇다고 해서 교육의 질이 전반적으로 낮지도 않다. 타 학교에 비해 상대적으로 학생이 적고, 선생님이 많으니 학생 개개인에 대한 교사 배치의 비율이 높고 이것이 수업의 질 향상으로 이어지는 것이다. 방과 후 수업을 듣지 않는 시간이면 언제든 교실에 와서 자기주도학습을 한다. 수업이 없는 공휴일에 는 평일과 다르게 계속 자기주도학습을 한다.

충별로 각종 소규모실을 비롯한 많은 수의 특별실이 설치돼 있 어 일반 교실을 빌려 방과 후 수업을 진행하지 않는다. 학생들 모 두 자신의 수준과 입맛에 맞는 수업을 들으면서 자신만의 공부시 간도 충분히 확보할 수 있다. 모든 방과 후 수업이 끝나고 나면 학생들 모두 교실로 돌아와 자기주도학습을 한다. 이때 학생들은 낮에 배웠던 내용들을 복습하기도 하고 수행평가나 내신 시험을 준비하기도 하며 수능시험을 대비해 PMP로 동영상 강의를 수강 하기도 한다. 이 시간에는 아무한테도 방해받지 않고 학생들 스 스로 자신을 채워 나갈 수 있다. 이후 열한 시부터는 1, 2학년들 은 기숙사로 복귀해 편한 분위기에서 계속 학업에 임하고, 3학년 들은 12시까지 학교에 남아서 계속 공부를 한다. 이러한 배경과 분위기는 학생들이 단기간에 엄청난 성과를 이루어 낼 수 있도록 하는 원동력이 되었다.

물론 모든 학생들이 항상 각성된 상태로 깨어서 자기주도학습 시간에 집중할 수는 없는 노릇이다. 과제와 시험 그리고 점점 다가오는 수능시험에 모두 엄청난 압박과 스트레스를 받는다. 규칙적인 자기관리를 하지 않는다는 것은 몰락과 같다. 수험생활은 자기 자신과의 싸움이다. 자기 페이스에 맞춰 규칙적인 생활을 해 나가지 않는다면 결국 학교생활은 산산조각날 것이다. 간혹 열람실에 항상 늦게까지 남아서 공부를 하는 학생이 있는데 이는 결코 바람직하다고만은 할 수 없다. 아무리 공부를 많이 한다고 해도 건강을 잃으면 아무 소용이 없다. 항상 충분한 수면시간을 확보하고 긍정적인 사고와 여유로운 마음가짐을 가져야 한다. 바쁠수록 돌아가라고, 힘들수록 자신을 잘 추슬러야 하는 법이다.

점심과 저녁시간이 되면 강당과 운동장은 배드민턴, 축구, 농구 등 다양한 스포츠를 즐기는 학생들로 북적인다. 나머지 학생들도 수학, 경제, 지리, 영어 토론 등의 학습관련 동아리 외에도 밴드부, UCC, 오케스트라 등의 동아리 활동으로 바쁘다. 몇몇 학생들은 개방된 컴퓨터실을 이용하여 자유로이 인터넷을 사용하기도 한다. 틈틈이 자투리 시간을 유용하게 활용하는 것이다. 또 학교생활 중 하루 종일 허락된 여유시간이라 할 수 있는 일요일 아침에는 학생들에게 벌꿀 같은 자유가 찾아온다. 학생들은 부족한 잠을 보충하기도 하고 외출을 해 여가생활을 즐기거나 종교 활동을 다녀오기도 한다. 학생들에게는 지친 생활의 스트레스를 풀고 활력을 불어 넣는 시간이다. 쳇바퀴 같은 수험생활 속에서도 즐거움을 주는 요소는 이것말고도 얼마든지 있다. 선생님들의 따스한 격려, 선후배 간의 돈독한 정, 친구들과 매일 학교와 기숙사에서 새록새록 쌓아가는 추억 등은 힘든 생활을 버틸 수 있게 해주는 피로회복제와도 같다. 물론 이런 시간에도 빈 교실이나 소규모실에서 묵묵히 공부하는 학생들도 있다.

충남외고 학생들은 힘들고 바쁜 학교생활 속에서도 각자의 자기계발에 틈틈이 시간을 할애한다. 자기계발을 통해서 학습 능력이 향상된다는 것은 부정할 수 없는 사실이다. 학생들은 학교생활과 예체능 활동을 동시에 즐기면서 학습 능력을 신장시킨다. 가끔 그들의 놀라운 능력에 경외감이 들기도 한다.

선생님들께서도 자기주도학습이 끝나는 열한 시까지 학교에 남아 학생들과 함께 하신다. 가끔씩 순찰을 돌기도 하시면서 나처럼 종종 피곤해서 엎드려 자는 학생들을 깨우며 학업에 열중할 수 있는 분위기를 만들어 주신다. 선생님들께 수시로 찾아가 모르는 것을 질문하는 것은 자명한 사실이다. 곁에서 지도해 주는 선생님들이 있기에 학생들은 공부에 집중할 수밖에 없는 것이다.

처음에는 엄청난 공부시간에 모두 경악한다. 나 또한 고등학교에 들어오기 전까진 100분을 집중해서 꾸준히 공부해 본 적도 없거니와 밤 열두 시까지 연이어 공부해 본적은 더더욱 없었다. 외출, 외박도 자유로이 허용되지 않고 갇혀 생활해야 하는 학교 분위기에 적응이 되지도 않았고 엄청난 스트레스를 받았었다. 하지만 충분히 자기주도학습시간을 확보해 주는 우리 학교만의 특색 덕분에 우리 학교는 지금 명문으로 발돋움하고 있으며, 학생 개개인의 실력과 자질도 같이 연마되고 있다. 다른 일반계 고등학교와는 달리 매일 통학하느라 시간을 낭비할 필요도 없으며 학교 근처에 유흥시설도 없고 외출도 자유로이 허용이 되지 않기에 오로지 학업에만 전념할 수 있다. 맹자의 어머니가 우리와 동시대 사람이었다면 맹자를 충남외고에 보냈을 것이라는 풍문도 나돈다.

힘들 것 같아 보이는가? 맞다. 힘들다. 누구나 힘들다. 힘들지 않을 수 없다. 하지만 의지와 노력만 있으면 미래를 위해 깨어 있기만 한다면 물리적인 제약은 얼마든지 극복해 낼 수 있을 것이다. 만약 내가 집 근처의 일반계 고등학교로 진학을 했다면 미약하나마 지금까지의 성과마저도 없었을 것이다.

이런 환경 속에서 얻은 것은 집중력과 적응력뿐만이 아니다. 학생들 대부분이 혼자만의 공부법을 터득했다. 공부에 집중이 되지 않을 때는 잠시 음악을 듣고 독서를 하기도 하며 과목을 바꿔 공부하기도 한다. 입식 책상에 서서 공부를 하거나 자리를 바꿔가면서 공부의 흐름을 이어 나간다. 흐름을 잃는 것만큼 학업에 치명적인 것은 없기 때문이다. 나는 체력이 뒷받침이 안 되어 종종 책상에 엎드려 자곤 하지만 고치려고 노력 중이다. 피할 수 없으면 즐기라는 말이 있듯이 힘든 공부도 즐기려고 노력하면 덜 힘들기 마련이다.

3년은 결코 짧은 시간이 아니다. 수험 생활은 긴 거리를 달려야 하는 마라톤이다. 처음에 조금 뒤쳐져 있어도 스스로 노력하면 얼마든지 앞질러 나갈 수 있고 순간 방심하면 얼마든지 따라 잡힐 수 있다. 나는 우리 학교가 수험 생활이라는 마라톤에서 학생들에게 최고의 페이스메이커(pacemaker – 보조를 맞춰주는 사람)가 되어 줄 수 있다고 생각한다. 충남외고는 학생들 옆에 동행하면서 그들의 보조에 맞춰 뛰며 속도를 조절해주고 자극해주는 멘토이다. 힘든 수험 생활의 나날이지만 충남외고에서의 생활은 지속적으로 학생들에게 신선한 자극을 주어 공부할 수 있도록 유도하고 뒤에 처져 있는 학생들도 함께 결승선을 통과할 수 있도록 이끌어 준다. 가장 큰 원동력은 충분한 양의 자기주도학습시간 보장이라 할 수 있겠다. 낙숫물은 바위를 뚫고, 학생의 노력은 결국 목표를 향해 한 걸음 한 걸음씩 나아가게 만든다.

다시 오지 않을 수험생활을 후회 없이 알차게 보내게 해줄 수 있는 곳, 그곳이 바로 충남외국어고등학교가 아닐까 한다.

모든 것은 계획적으로 – 플래너 짜는 방법

중국어과 한채영

여러 학생들이 플래너를 작성하다가 포기하곤 한다. 플래너를 잘 짜면 그만큼 공부하는 시간을 효율적으로 관리할 수 있으니 포기하지 말고 플래너를 작성하길 강력 추천하는 바이다.

일단 플래너를 작성할 때 꼭 준비해야 하는 준비물이 있다. 첫째, 당신을 완벽한 시간 관리자로 만들어 줄 체계적인 계획! 나는 웬만하면 일일 계획을 짜는 플래너를 추천하고 싶진 않다. 일 년 계획, 월별 계획, 주별 계획. 이렇게 큰 틀부터 체계를 잡아야 일일 계획을 좀 더 알차게 짤 수 있기 때문이다. 둘째, 플래너를 당신의 글씨로 꽉꽉 채워 줄 펜들! 플래너를 꾸밀 때 펜 색깔을 고민하는 학생들이 의외로 많다. 하지만 나는 개인적으로 너무 많은 펜을 사용하는 것을 좋아하지 않는다. 자칫 잘못하면 플래너를 작성하는 것보다 플래너를 꾸미는 데 집중하게 될 수 있기 때문이다. 그래서 나는 플래너를 짤 때 가장 기본적인 세 가지 펜만 사용한다. 검정색, 빨간색, 파란색. 저 펜들만 사용하더라도 충분히 플래너는 만들어진다. 하지만 공부만 하는 반복되는 무료한 일상 중, 가끔씩은 다른색의 펜을 사용해서 표시하면 기분전환이 되니 한 번 해 보시길. 그리고 마지막! 당신의 공부 시간을 잴 수 있는 스톱워치. 스톱워치를 사용하면 정말 큰 효과를 얻을 수 있다. 나도 1학년 초부터 공부 시간을 잰 것은 아니었다. 스톱워치는 어디까지나 모의고사 때 시간을 재는 데 사용했을 뿐이었다. 그런데 2학년 여름 방학 때 친구가 공부 시간을 스톱워치로 체크하는 것을 보고 스톱워치를 바로 구입했다. 공부 시간을 재거나 자기주도학습 도중 모의고사를 풀 때 문제 푸는 시간을 재기 위해서이다. 혹시 방법을 모르는 학생들이 있을까봐 예를 들어 설명하겠다. 만약 언어 모의고사를 풀기 위해 스톱워치를 봤는데 지금까지 자기주도학습한 시간이 3시간 45분이면, 언어 모의고사를 푸는 시간을 65분으로 정하고(원래대로라면 언어영역에서 듣기를 뺀 시간은 70분이지만, 나는 OMR 마킹 시간과 헷갈리던 문제를 다시 점검하는 시간을 5분 정도 잡기 때문에 65분으로 정해 놓고 푼다.) 3시간 45분에 65분을 더한 시간, 즉 스톱워치가 4시간 50분을 가리킬 때까지 문제를 풀면 된다. 자신의 공부 시간을 측정해서, 보람을 느끼거나 반성하는 기회로도 삼을 수 있다.

플래너를 짜는데 필요한 준비물 준비도 끝났으니 본격적으로 플래너 짜는 방법에 대해 말해 보도록 하자. 일단 한 해의 전체적인 공부의 틀을 짜는 일 년 계획! 일 년 계획은 틀을 짜는 계획인 만큼 너무 타이트하게 작성하지는 않는다. 일단 그해의 가장 큰 목표를 적는다. 예를 들어 '모의고사 백분위 99% 유지하기!' 이렇게. 그 후 언어, 수리, 외국어 과목별로 큰 목표를 세운다. '언어 문제집 10권 정복!' 이런 식으로. 일 년 계획을 짜고 월별 계획에서 일 년 계획의 목표를 일차적으로 세분화 시킨다. 앞에서 언어 문제집 10권 정복을 목표로 삼았으니, 문제집을 정해서 월별로 배분하면 된다. 이렇게 월별 계획을 세웠으면 주별 계획에서 이차적으로 세분화 시켜야 한다. '1주엔 어떤 문제집 몇 페이지까지, 2주엔 몇 페이지까지.' 이렇게 말이다. 주별 계획은 수정이 가장 잦은 부분이기 때문에 꼭 연필로 작성하길 바란다. 볼펜으로 써도 화이트로 지울 수 있으니 상관 없지만, 그만큼 플래너가 지저분해지니까 연필로 쓰는 것을 권한다. 마지막 순서는 일일 계획 세우기이다. 일일 계획은 그동안 월별, 주별에서 작성한 계획을 최종적으로 세분화시키는 파트이다. 나는 일일 계획을 짤 때 일단 아침시간부터 저녁시간까지를 같이 묶었고, 그 후 자기주도학습시간을 자기주도학습1, 자기주도학습2 이렇게 2가지로 분류했다. 분류한 기준은 쉬는 시간이다. 만약 12시에 기숙사로 돌아가 공부를 더 하고 싶은 학생이라면 2시까지는 공부할 수 있기 때문에 '기숙사'라는 분류기준도 있다. 이렇게 분류가 끝나면 자세하게 계획을 작성해야 한다.

플래너에 공부 계획만 쓰기 보단 동아리 활동이 있는 날에는 그것도 기록하자. 플래너가 조금은 생기 있어진다.

플래너에 맞춰 공부할 때에는 꼭 스톱워치를 켜두는 걸 잊지 말자. 하루 공부가 끝나고 스톱워치에 적힌 시간을 기록하고 일주일 별로 공부했던 시간을 비교하면 자극을 받을 수 있다. 또 하루 공부가 끝났을 때에는 플래너에 꼭 그날 잘했던 부분과 못했던 부분을 기록하고 달성도도 표시해 둔다. 정확한 수치는 몰라도 각자의 만족도와 느낌에 따라 자신을 정직하게 평가한다.

플래너 짤 때마다 끙끙거리며 힘들어 했던 학생들에게 꼭 도움이 되었길 바라며 글을 마치겠다. 이걸 읽고 있는 당신, 열공!

'스펙'은 어떻게 쌓아야 하는 건가요?

영어과 나문희

스펙(Spec)이란 무엇일까? 스펙은 Specification의 준말로 백과 사전을 찾아보면 '구직자들, 대학생들 사이에서 학력과 학점, 토익 점수 외 영어 자격증, 그 외 관련 자격증들을 총칭하는 것'이라고 나와 있다. 하지만 대학입시전형에서 입학사정관제가 채택되면서 스펙이라는 말은 중·고등학생들에게도 해당되는 단어가 되었다. 참고로 충남외고도 예비 신입생인 중학생들을 대상으로 입학사정관제를 시행하고 있는데, '스펙'이란 단지 자격증이나 대회 수상만을 의미하는 것은 아니다.

우선 가장 중요한 것은 '특정전문분야를 향한 노력과 성취'라고 할 수 있다. 대학을 예로 들어보자. 정치외교학과에 진학하고 싶은 학생이 입학사정관 전형에서 사정관들에게 어필할 수 있는 스펙은 무엇일까? 정치와 외교에 관한 서적을 많이 읽으며 자신이 배울 분야에 관해서 미리 지식을 쌓는다든지, 모의 유엔회의에 참가해 보거나 교내에 있는 각종 정치·외교 토론 동아리에서 활

동하는 것 등일 것이다. 물론 외교에 관심이 있다면 외국어 능력
도 중요할 테니 TOEFL, TEPS, TOEIC(영어), JPT, JLPT(일본
어), HSK(중국어)같은 어학능력시험에서 높은 점수를 얻는 것도
중요하다. 하지만 처음부터 점수가 높지는 않더라도, 장기간에
걸쳐 꾸준히 점수가 오른 경우도 좋은 스펙이다. 이런 식으로 자
신이 결정한 진로, 학과에 대해 큰 관심을 갖고 정보를 찾아보고
여러 가지 모의 활동을 해보는 것은 정말 중요하다. 혹시 '우리
학교에는 이렇다 할 동아리가 없는데….' 하고 생각하는 학생이
있다면, 용기를 내보길 바란다. 마음 맞는 친구들을 모아 동아리
를 개설하고 활동하는 것도 큰 스펙이니 말이다.

구분	1단계(160점)		2단계 - 면접 (40점)			계
	영어 내신	출결	자기주도 학습 및 계획	독서 활동	봉사 ·체험활동	
배점	160점	감점	20점	12점	8점	200점

　이제 예비 신입생들을 위해서 충남외고의 입학사정관제에 대해
소개하겠다. 충남외고는 1단계에서 입학 정원의 1.5배수의 학생
을 뽑은 다음, 2단계 면접으로 최종 선발하고 있다. 이중에서도 2
단계 면접은 정말 중요하다.

　2단계 면접은 총 세 부분(자기주도학습 및 계획, 독서활동, 봉사·체험
활동)으로 이루어져 있는데, 위에 언급했던 것처럼 자신이 가진 꿈

과 관련된 체험활동 혹은 봉사활동을 한 경험을 사진과 글로 기록을 해 놓는다든지, 관련 서적(미국·중국·일본·베트남 문화에 관한 것, 자기계발서 등)이나 영어 실력 향상을 위해 영어 원서를 많이 읽는다든지 하는 것도 점수에 큰 플러스가 될 수 있다. 또 충남외고는 자율학습시간이 다른 학교들보다 많아서 스스로 공부하는 자기주도학습능력이 매우 중요하다. 물론 현재 중학생들 중에는 학원이나 과외 같은 사교육의 도움을 받는 학생들도 많겠지만, 그것과는 별개로 이제부터라도 학습계획노트(스터디플래너)를 만들어 한 학기(또는 한 해)의 학습목표를 세우고, 일간 또는 주간 계획표를 짜서 공부하고 자기평가를 해 보는 것은 어떨까?

스펙하면 떠오르는 충남외고의 스펙 일인자들을 짧게 인터뷰해 보았다. (두 학생의 개인적인 사정과 덧붙여준 말에 따라 인터뷰 양식과 질문은 조금 다를 수 있다.)

1 스펙마련의 좋은 예 – 충남외고 2기 중국어과 김무진

김무진 학생의 주요 스펙들

- ▶ 법무부 블로그 기자단 기자
- ▶ 법률 소비자 연맹에서 언론 분석 봉사활동을 하고 있음
- ▶ 아산시 중학교와 함께 하는 충남외고 교육봉사 동아리 'Hi–Mi(하이미)' 부장
- ▶ 충남외고 시사 · 외교 동아리 링크(Link) 부장 및 기자
- ▶ 울산광역시 중구청 청소년 참여위원회 위원장
- ▶ 울산광역시 주관 중국 국제교류학생으로 선발됨
- ▶ 충청남도교육청 주최 정보탐색대회 은상
- ▶ 전국 신문 활용 공모전 우수상

◎ 우선 장래에 하고 싶은 일에 대해서 소개해 주시길 바랍니다.

Ⓐ 제 꿈은 법무부 행정 사무관입니다. 학교에 입학하고 나서 처음에는 기자 동아리에서 활동하다가 어떤 계기로 인해 법에 관심을 가지게 되었고, 지금은 법과 언론 활동을 접목시켜서 국민들에게 법을 쉽고 재미있게 알리는 게 제 목표입니다. 법률봉사 동아리, 블로그 기자단, 링크(Link)도 그래서 하는 겁니다.

◎ 정말 여러 곳에서 활동을 하고 계시는데요, 이런 활동 기회는 어떤 경로를 통해 알고, 찾으시는 건가요?

Ⓐ 제가 법무부 블로그 기자단에 있으면서 한국경제신문 기자와 친분이 생겼는데, 그분께 정보를 많이 얻고, '국자인'이라는 네이버 카페에서도 대회 및 여러 활동의 정보를 얻고 있습니다. 그리고 제가 지금 교내 동아리 링크와 법무부 블로그에서 기자로 활동하다보니 그런 정보들을 종종 찾고 알게 되는 것 같아요.

◎ 혹시 포트폴리오 작성을 하고 있다면, 구체적으로 어떻게 하고 있는지 말씀해 주세요.

Ⓐ 저는 항목별로 파일을 준비해서 정리하고 있습니다. 예를 들면, Hi-Mi와 링크, 법무부 블로그 기자단 활동을 각각 다른 파일에 정리하는 거죠. Hi-Mi 같은 경우는 교육봉사를 갔다 올 때마다, 후기를 써서 붙이고, 활동하며 찍은 사진도 첨부하고 있습니다. 블로그 기자단은 제가 쓴 기사의 원본과, 편집되어서 올라오는 기사를 함께 정리하고 제 기사에 달리는 댓글들도 가능하면 첨부하고 있습니다. 또 법률봉사 동아리에서 작성하는 분석 보고서들, 링크에서 3개월마다 출간되는 동아리집도 모으고 있고요. 저를 표현할 것이 있을 때는 사소한 것까지 다 모아서 그 밑에 후기를 쓰기도 하고 시간 날 때마다 틈틈이 정리하는 편입니다.

2 스펙마련의 좋은 예 — 충남외고 2기 영어과 김정민

김정민 학생의 주요 스펙들

▶ 2009년 잉글리시업 경연대회 어휘력 부문 동상, 인터뷰 부문 은상, 명문 암송 부문 은상

▶ 2009년 제18회 전국 영어 수학 학력경시대회 영어 부문 장려상

▶ 충남외고 모의 유엔 동아리(CMUN) 부회장

▶ 충남외고 월간지 발간 동아리(LINK) 외교부 팀장

▶ YMCA주관 팔레스타인 평화유지 소식지 영문한역 봉사활동

▶ 2010년 제4회 반기문 영어경시대회 고등부 금상

▶ 충남외고 댄스 동아리(Cygnus) 2기 부장

◎ 충남외고 2기생 중 대회 최다(最多) 참가 및 수상자라고 해도 과언이 아닌데요, 장래에 하고 싶은 일이 무엇인지, 그것을 위해 어떤 노력을 하고 있는지 궁금합니다.

Ⓐ 저는 약자를 돕고 그들에게 기억되는 사람이 되고 싶습니다. 그래서 국내의 약자를 보호하는 단체나 국제사회에서 그러한 역할을 하는 기구인 UN에서 일하고 싶습니다. 따라서 관련

된 경험을 쌓기 위해 노력하고 있습니다. 국제사회에서 능력을 발휘하기 위해서는 우선 모든 사회현상의 매체인 언어에 능통해야 한다고 생각했습니다. 그래서 외국어를 공부할 기회를 주는 대회에 참가하여 자극을 받아야겠다고 판단했고, 따라서 기회가 되는대로 에세이나 영어경시대회, 말하기·인터뷰 대회 등에 참가하게 되었습니다. 또 목표를 이루기 위해서 10대에 준비해야 할 것이 무엇인지 배우기 위해 모의 유엔에도 참가하게 되었습니다. 여기서 중요한 것은, 자신의 관심사와 자신이 열정을 가지고 할 수 있는 일이 무엇인지 스스로 알고 삶의 목표를 정해야 한다는 것입니다. 그저 입학사정관제를 위해 스펙을 쌓아야겠다는 일념으로 활동하다 보면 할 수 있는 일이 제한되고, 자신이 하는 활동들의 일관성도 떨어지며, 열정도 곧 식게 됩니다.

ⓒ 대회나 어떤 활동에 참가할 때 정하는 기준이 있으신가요?

Ⓐ 물론 제 관심분야와 관련되어 있거나 제가 미래에 하고 싶은 일을 미리 예행연습해 볼 수 있는 대회와 활동이 좋겠지요. 이를테면 저는 훗날 국제사회에서 일하고 싶지만 해외 체류 경험이 없기 때문에 그 기회를 얻기 위해서 반기문 영어경시대회에 참가했습니다. 현재 결선에 진출한 상태인데, 만약 그

대회에서 좋은 결과를 얻게 되면 UN 본부에 가서 반기문 사무총장님을 만나뵐 수도 있어서 제게는 정말 소중한 기회입니다. 대회를 나갈 때마다 '이 대회에서 상을 받으면 좋은 스펙이 될 거야.'가 아니라, 내가 왜 이 대회에 나가야 하는지, 이 대회에 참가하면 내 꿈을 위한 기회를 얻을 수 있는지를 생각하고 목표의식을 분명히 하는 것이 중요합니다.

Ⓠ 혹시 입학사정관제를 대비하고 스펙을 쌓을 때 주의해야 할 점들이 있나요?

Ⓐ 지금까지 이야기한 것들은 비교과입니다. 교과목 공부와 비교과 관리 사이의 경중을 저울질하다가는 하릴없이 시간이 흘러가기 쉽습니다. '이건 내 꿈을 위한 투자니까, 나는 비교과에 일주일에 몇 시간을 투자해야겠다.'라고 생각하고 실천하면 그 시간이 차곡차곡 쌓여, 교과목 공부에 큰 지장 없이 비교과를 관리할 수 있습니다. 또 자신의 관심분야라고 해도, 대회에 계획 없이 참가하면 안 됩니다. 미리미리 계획하고 준비하는 게 좋은데, 저는 신학기(3월)가 시작되기 전에 그해에 열리는 대회 중에서 관심이 있는 것들을 인터넷 검색으로 미리 다 찾아 놓습니다. 그 후에, 학교 시험 기간과 다른 시험 및 대회들과 겹치는 것을 제외하고 참가할 대회들을 정해서

달력 형식의 계획표를 작성합니다. 그리고 올해는 '이것들을 다 성취하자.'라는 생각으로 임하는 거죠. 중간에 추가되거나 취소될 수도 있겠지만, 일단은 큰 뼈대를 잡아 놓는 게 좋습니다.

ⓠ 포트폴리오는 어떻게 작성해야 하는 건가요?

Ⓐ 포트폴리오에는 일관성과 상승곡선을 보이는 것이 중요합니다. 아까도 말했듯이, 이것저것 마구잡이로 참가하고 활동하는 것이 아니라 자신의 목표대로 '일관성' 있게 활동했음을 보여야 하고 '꾸준히 해서 점차 성장했음'이 드러나야 합니다. 학생의 가능성을 가치 있게 보기 때문입니다. 그리고 진심을 담아서 나의 삶, 혹은 내가 추구하는 삶을 나타낼 수 있으면 됩니다.

아시아투데이

충남외고, 제4회 반기문 영어경시대 금상 수상

[아시아투데이=이신학 기자] 충남외국어고등학교(교장 안덕규)는 2학년 김정민학생이 제4회 반기문 영어경시대회 본선에서 금상을 수상했다고 2일 밝혔다.

반기문 영어경시대회는 유엔사무총장이 충북 출신인 것을 기념하고 제2, 제3의 반기문 UN 사무총장과 같은 미래의 글로벌리더 발굴을 위해 2007년도부터 개최된 전국 규모의 경시대회이다.

참가자들은 읽기, 쓰기, 말하기를 통해 예선을 치르고 본선에서 speech 등으로 실력을 겨루며, 상위 입상자들에게는 장학금 및 해외연수의 특전이 부여되는 대회로 국제고 및 외국어고 학생들의 경쟁이 치열하다.

해외에 나가본 경험이 전무하고 학교에서의 영어공부와 활동으로만 금상을 수상한 김정민학생(지도교사 이선희)은 "장차 UN에서 활동하는 것이 목표"라며 "이번 대회 수상을 계기로 더욱 더 열심히 꿈을 향해 매진하겠다"고 포부를 밝혔다.

충남외고는 특목고 텝스, CNN 듣기, 영자신문 사설 및 원서 읽기 등을 통해 학생들의 영어 실력 향상을 도모하고 있고 이 밖에도 모의 유엔(CMUN), 영어토론 클럽, 원서 토론 club, 영자신문 및 번역동아리 등 영어 관련 동아리들의 활동이 활발하다.

한편 올해로 개교 3년차인 충남외고는 Korea Times 주관 국제영어경시대회 금상, 제5회 법무부 주관 전국 고교생 모의재판 경연대회 대상, 전국 지리올림피아드 대회 은상 등 각종 전국규모 대회에서 우수한 실적을 거두고 있다.

✉ 이신학 기자 lsh9979@asiatoday.co.kr

part · 3
외고인이 궁금해?

무엇이든 물어보세요

외고 학생들은 정말 공부만 하나요?

아니다. 외국어고등학교 학생들도 궁극적으로는 대학 진학이라
는 목표를 가지고 있기 때문에, 공부하는 데에 상당부분 시간을
할애하는 것은 사실이다.

하지만 그 못지 않게 많은 학생들이 각종 동아리나 체육활동에
도 열정을 가지고 참여하고 있다. 동아리 활동에는 댄스동아리
인 'Cygnus', 우리나라 문화를 알리는 데 주력하고 있는 'Hi-
Korea' 등과 외국어고등학교라는 특성에 걸맞게 'CMUN,
LiNK, DNA' 등 외국어와 관련된 동아리가 많이 있어, 학생들
이 공부라는 틀에 얽매이지 않으면서 외고인만의 특별함을 찾
아가고 있다.

학생들은 점심 저녁 시간을 이용하여 다양한 체육활동도 하는
데, 체육관에서는 주로 농구와 배드민턴을, 운동장에선 축구를
하며 학업으로 쌓여있던 스트레스도 풀고, 건강한 신체도 만들
어 간다.

🅐 충남외국어고등학교에서는 제2외국어를 세 가지 배운다. 필수인 영어와 선택 과목인 중국어, 일본어가 이에 해당된다. 선택과목 중에서 전체 학생의 약 66%가 듣는 수업은 중국어이다. 여기에서는 충남외고만의 중국어 수업방식과 중국어의 중요성을 설명하려고 한다.

중국어 수업은 일반 수업과 원어민 수업이 번갈아가며 진행된다. 주로 일반 수업시간에는 학생들의 어휘와 문법 능력 등을 향상시키는데 주력하고, 원어민 수업시간에는 학생들의 회화능력 같은 실용적인 부분에 중점을 두고 있다.

일반 수업시간에는 선생님께서 한자의 유래를 설명해 주시거나 직접 만드신 재미있는 설명을 통해 학생들의 어휘력 향상을 도모한다. 그 외에도 교과서 본문을 암기시켜 학생들이 중국어 문장구조와 문법 등을 체계화시킬 수 있도록 유도한다. 원어민 선생님의 수업은 대부분의 수업이 중국어로 진행되기 때문에 학생들의 중국어 청해 능력에 크게 도움이 된다. 중국어로만 수업한다면 이해하지 못하는 학생들이 있을 거라고 생각할 수도 있지만 이해하지 못하는 부분에는 한국말을 곁들여 부가 설명을 하기 때문에 학생들이 수업을 이해하지 못하는 일은 거의 없다.

충남외고는 학생들에게 중국어 학습을 위한 최적화된 환경을 제공하려고 노력한다. 일주일에 7시간이나 수업이 진행되기 때문에 학생들은 보다 깊이 중국어를 이해하고 학습할 수 있다. 또한 선생님들은 학생들의 학습을 위해 PPT 자료를 사용하여 사진들이나 동영상을 보여주며 학생들의 이해를 돕는다.

반 학기가 지난 후에는 수행평가를 실시한다. 중국어 수행평가는 회화, 작문, 독해 분야로 나눌 수 있다. 회화에서는 스피치 낭송을 통해 유창성과 발음 등을 평가한다. 작문에서는 중작에 도움이 되는 어휘 시험이나 단순한 문장을 번역하는 시험을 본다. 독해에서는 교과서에 나오는 본문 글 중 임의로 하나를 뽑아서 읽고 독해한다. 이외의 평가는 정기고사를 통하여 결정되는데 이는 집필시험의 형태로 출제된다.

중국어를 익히는 데는 많은 시간이 요구되기 때문에 대부분의 학생들은 신청하기 꺼려하고 수업 시간에 다른 과목을 공부하기도 한다. 그러나 중국어는 학생들에게 큰 도움이 될 수 있는 과목이다. 현재 수능에서는 중국어 시험 점수로 사회탐구 과목 하나의 점수를 대체할 수도 있다. 그리고 서울대 진학을 꿈꾸는 학생들에게는 필수 과목이기도 하다. 또 장기적으로 봤을 때는 중국 시장이 지속적으로 발전함에 따라 일상 생활에서 중국어 활용범위도 늘어날 것이다. 그러므로 학생들은 중국어 수업을 등한시 해서는 안 된다.

우수한 환경 속에서 열심히 중국어를 배우는 충남외고 학생들은 중국어의 여러 가지 활용 방안과 발전 가능성을 고려해 볼 때, 자신을 위한 매우 현명한 투자를 하고 있는 셈이다.

(?) 충남외고의 베트남어과가 생긴다는데 사실인가요?

(A) 2011년 4월 20일. 이 날은 충남외고 역사를 새로 쓰게 될 계기를 마련한 초시와도 같은 날이라 하겠다. 구체적인 기사를 첨부하겠다.

충남외국어고등학교에 베트남어과가 신설된다.

충남도교육청은 2011학년도부터 충남외고에 전국 최초로 베트남어과를 신설해 신입생을 선발한다고 20일 밝혔다.

신설되는 베트남어과는 타 시·도의 중학생들도 선택해 지원할 수 있도록 전국단위로 신입생을 선발하며, 일반전형 15명, 사회적 배려 대상자 5명, 다문화가정자녀 5명 등 총 25명을 선발한다.

베트남어과 신설은 다문화 가정 중 베트남어가 일본어, 중국어 다음으로 가장 큰 비중을 차지하고 있고, 베트남과 한국의 교역량이 급속하게 늘어나는 점이 고려됐다. 특히 충남외고의 이런 취지가 많은 공감대를 형성해 삼성 고른기회 장학재단으로부터 다문화가정 자녀들에 대한 교육비 전액을 지원받는 협약식을 교육과학기술부와 20일 오전 교과부에서 가졌다.

도교육청 관계자는 "이번 충남외고의 베트남어과 신설은 외국어에 능숙한 인재 양성이라는 외고의 설립목적을 구현하면서, 외고의 전공 외국어를 국가적 필요에 따라 다원화하는 효과가 기대된다."고 말했다.

뉴스 포털 사이트 발췌〈박재용 기자〉

Ⓐ 외국어고등학교라는 설립 취지에 부합되게 새로운 학과를 개설하면서까지 다변화되는 국제 정세에 대처하겠다는 의지가 보인다. 위의 기사에서 언급했듯이 최근 부상하고 있는 베트남은 여러모로 블루오션이 아닐 수 없으나, 우리나라의 대응이 늦은 탓인지 베트남어를 구사할 수 있는 전문 인력이 턱없이 부족한 것이 현실이다. 턱없이 적은 인력 공급에 지금이나마 교육 노선을 변경하여 베트남어과를 개설하겠다는 충남도교육청의 취지는 여러모로 탁월하지 않을 수 없다. 게다가 전국구 단위로 모집하는 선발 제도 역시 어느 정도 학생들의 관심을 끌만한 요소가 될 수 있을 거라 기대한다.

다소 급진적인 충남도교육청의 발표는 다소 반향이 크다. 취지는 어느 누구도 부인할 수 없이 좋다. 하지만 우려의 소리도 끊임없이 들려오는 것이 사실이다. 실제로 베트남어를 구사할 수 있는 고급 인력은 턱없이 적으나, 베트남은 최근 급부상 중이다. 신흥 시장이라는 경제적 목적이건 국제 사회의 동반자라는 정치적 목적이건 베트남은 놓치기에는 아까운 보물단지이다. 그러나 이미 언급했듯이 상당한 교육 수준을 겸비하고 있는 베트남어 구사자, 그것도 교육을 목적으로 양성된 사람은 대한민국에는 거의 전무하다. 베트남어 구사에 관한 자질 검증이 된 교사가 적은 만큼 교육의 질도 의심이 될 수밖에 없는 노릇이다. 즉, 이번 취지 명분은 좋았으나 추진 과정에서는 너무 두서가 없었다. 정책 발안 및 추진에서 성급했다는 허점이 노골적으로 드러나고 있는 것이다.

충남외고의 교육 시설에 관해서는 남부러울 것이 없다고 할 수 있지만 우려의 대상이 되고 있는 것은 베트남어 교육의 수준이다. 한국외국어대학교에서 베트남어과 신설에 발맞추어 교재 개발 등에 박차를 가하고 있으나 인력 공급에 대해서는 확답을 주지 못했다.

학생 선발에 관해서도 문제가 되는데, 전국구에서 뽑는 20명의 학생들은 '일반' 학생인데, 다변화되어 가는 국제 정세에 발맞춘다고 하지만 결국 선발 기준은 학생의 학업 성적에 국한될 수밖에 없을 것이다. 입학사정관제도를 적용한다고 하더라도 아직은 제도가 미숙하기 때문에 학교 성적이 다소 뛰어나지는 않더라도 베트남어에 관한 열정이 강한 학생들을 추려서 뽑을 수 있을지도 의문이다.

이런 문제점들을 넘어서서 이번 신교육의 취지는 여러모로 참신하며 적절하다는 데에서 높게 평가 받을 만하다. 그러나 미개척지를 열어 가야 하는 만큼 위험부담이 크고, 미숙할 수밖에 없다. 득보다 실이 많을 것이냐, 아니면 국제 전문인 양성이라는 목표에 부합하여 위세를 떨칠 것이냐 하는 것은 이제 충남외고에 전적으로 달려 있다. 충남외고가 이 베트남어과 신설을 통해 도약할 수 있을 것인가. 기대해 본다.

외고학생들은 정말 공부만 하나요? 축제나 체육대회는요?

"외고에 가면 놀 시간도 없다면서요?"라는 의문을 가지신 분들도 있으실 것이다. 나 역시 그런 걱정을 가진 사람들 중 하나였다. 결코 적다고 할 수 없는 입학 숙제 리스트를 받아 보고 그 걱정은 점점 사실처럼 여겨졌다.

물론 합격했다는 것은 기뻤지만 한 편으로는 걱정과 후회가 살짝 생겨나기도 했다. 하지만 걱정했던 것과는 달리 충남외고 학생들은 공부만 하는 스터디머신이 아니라, 공부를 열심히 하는 만큼 놀 때에는 또 '무섭게' 놀 줄 아는 지극히 인간적인 친구들이었다. 『윤리와 사상』 교과서에는 '인간은 유희적 존재라 항상 즐거움을 추구한다.'라는 말이 있다. 이 가르침을 머릿속에만 담아 두지 않고 몸소 실천하며 배운 것을 실생활에서 실천하는 아주 훌륭한 태도로 여가뿐만 아니라 공부도 즐기면서 한다.

각종 행사가 열리면 선생님들과 학생들은 대동단결하여 정말 신명나게 한판 놀이를 벌인다. 작게는 학생들의 사기를 증진시키고자 간식을 준비해 주시는 것부터 크게는 체육대회와

International Festival, 축제에 이르기까지 다양하다.

이번 체육대회는 학교 역사상 처음으로 1, 2, 3학년 모두가 참여해서 매우 치열하고 열기가 뜨거웠다. 농구, 축구, 피구, 계주, 배드민턴, 발야구, 줄다리기 등 종목이 매우 다양하다. 종목이 다양한 만큼 체육대회는 이틀 동안 진행된다. 모든 경기가 눈을 뗄 수 없을 정도로 흥미진진하지만 그중의 백미는 영어과와 중·일어과 연합팀의 대결이다. 농구, 축구 그리고 체육대회의 꽃인 계주는 전공어과 대항전으로 치러지는데, 경기의 열기도 뜨겁지만 관중들의 응원과 환호도 축구 골대를 녹여버릴 만큼 뜨겁다. 반별로 각자 응원도구를 준비하여 개성 있는 응원전을 펼치는데 가장 응원을 훌륭하게 해낸 반에게는 응원상과 소량의 상금도 수여되니 이것 또한 하나의 경기라 할 수 있다.

학부모님들께서 준비해 주신 바비큐 파티를 끝으로 체육대회가 끝나고 일상으로 돌아와 응원의 열기로 녹았던 축구 골대가 차츰 굳어갈 무렵, 또 하나의 행사가 진행되는데 바로 International Festival이다. 이름에서 알 수 있듯이 축제라기보다는 작품전과 비슷하다. 그동안 작업했던 미술 작품들을 전시하고 책상 앞에 앉아만 있느라 숨겨 왔던 끼를 뽐내는 날이다. 1학년은 반별로 각 전공어로 된 노래를 골라 춤을 곁

들여 부르는 노래 대회를 연다. 각 반 모두 서로 연습을 하겠다며 체육관 자리를 두고 쟁탈전을 벌일 만큼 열정이 대단하다. 2학년은 반별로 각 반의 개성과 특징을 잘 나타낸 UCC를 찍어 상영하는데, 호러, 스릴러, 코미디까지 각양각색의 장르가 등장한다.

우리 학교의 웬만한 큰 행사(입학식, 축제와 같은)의 시작은 오케스트라부의 수준급 연주로 막을 올리는데, 이번 International Festival 역시 오케스트라부의 개막 공연으로 시작하였다. 연주가 끝나면 위에서 말했던 반별 노래대회, UCC 상영을 하고 그 후에는 전공어과 별로 하나씩 연극을 한다. 해당 언어를 공부하지 않았어도 스크린에 자막을 보여주는 센스를 발휘해서 학생뿐 아니라 관계자 분들, 학부모님들도 함께 즐길 수 있다. 그 외에도 금발 미남 원어민 선생님의 구수한 트로트 공연과 같은 선생님들 공연, 퀴즈대회, 미국 루이지애나 고등학교에서 잠시 한국 학교생활을 체험하러 온 Bryan의 한·미 학교생활의 차이에 대한 프레젠테이션 등이 진행되고 International Festival은 막을 내린다.

놀 땐 놀고 공부할 땐 공부하는 우리 학교. 우리 충남외고에 대해 알고 싶으셨던 분들께 도움이 되었길 바란다.

Ⓐ 교복은 충남외국어고등학교의 상징이다. 요즘 새롭고 예쁜 교복들도 많이 나오고 있지만 충남외고의 교복을 능가하지는 못하는 것 같다. 흔치 않은 디자인 때문에 학교 밖에 입고 나가면 사람들의 시선을 끌어당기는 매력도 있다. 교복을 입고 외출하면 한번쯤은 들어봤던 질문 "학교가 어디에요? 어디 교복이에요?" 뿌듯하기도 부끄럽기도 하다. 우리 학교 교복을 제작하신 디자이너 지나킴 선생님께서 학창시절 이런 교복이 있었으면 어땠을까 하는 느낌을 살려 만드셨다고 한다. 동복과 하복은 다른 스타일로 각각 다른 느낌을 준다. 동복은 일본 만화에 나올 법하다. 남학생은 분홍색 단추가 달린 조끼에 긴 회색 재킷, 회색 넥타이, 회색 바지를 갖춰 입는다. 여학생은 분홍색 긴 재킷에 긴 회색 조끼 그리고 상대적으로 다른 학교에 비해 짧은 회색 주름치마를 입는다. 분홍색 리본도 빠질 수는 없다. 조끼 안에 입는 와이셔츠도 다른 교복과는 다르게 어깨에 포인트가 있다. 색깔도 흔치 않은 분홍색이라 눈에 띄기도 하지만 디자인이 독특해서 시선을 사로잡는다. 하복은 캐주얼 정장풍에 여름 느낌을 살려 전체적으로 밝고 푸른 톤의 색깔이다. 남학생의 경우 남색 바지를 입고 하늘색 블라우스에 긴 넥타이를 착용한다. 여학생은 남색 치마에 레

이스가 들어간 하늘색 블라우스를 입고 남장용 넥타이보다는 짧고 귀여운 넥타이를 착용한다. 하복의 포인트는 다른 학교 교복에서는 찾아볼 수 없는 멜빵이다. 등에서 엑스자로 교차되는 멜빵은 치마에 탈부착할 수 있다. 그리고 하복에는 얇은 재질의 하얀색 재킷이 있어 한껏 멋을 살린다. 재킷은 환절기나 교실 에어컨 바람으로 추위를 탈 때 입을 수 있다. 전부 다 갖춰 입으면 고급스러움과 세련됨이 묻어난다.

선생님, 우리 선생님 – 선생님 인터뷰

국어 – 김홍석 선생님

김홍석 선생님께서는 중앙고등학교에서 교편을 잡으시다가 2010년에 충남외고로 부임하셨다. 국어를 재미있고 다양한 방법으로 가르치시고, 2학년 1반 담임과 책사랑 부서의 담당을 맡아 학생들을 지도하고 계신다. 국어 실력이 부족한 학생들을 위한 '언어 1등급'반도 지도해 주셔서 학생들의 국어 실력 향상에 큰 도움을 주신다. '송중기 선생님'이라고도 불리는 인기 만점 선생님이시다.

Ⓠ 충남외국어고등학교에 대해 어떻게 생각하시나요? 전에 가르치던 고등학교와 다른 점이 있다면 무엇이라고 생각하시나요?

Ⓐ 특수 목적 고등학교의 이름에 걸맞게 훌륭한 학생들만 모인 학교에서 국어를 가르치는 데에 자부심도 들지만, 그에 반한 고통도 따릅니다. 이 학교에 와서 밤늦게까지 남아 학생들을

지도하고 가르치는 데 고생이 되는 것은 사실입니다. 그러나 여러분들이 마치 모이를 먹고자 달려드는 어린 새처럼 적극적으로 학업에 열중하는 모습을 보면, 늘 힘이 납니다. 다른 인문계 학교 학생들에 비해 스펀지 같은 지식 흡입력이 있습니다. 이러한 우리 학교 아이들은 선생님들의 기대에 부응하여 반드시 훌륭한 글로벌 리더가 되리라 확신합니다.

책사랑 부서의 지도를 맡아 책의 중요성을 강조하시는데, 고등학생에게 도움이 될 만한 책들 좀 추천해 주실 수 있나요?

추천할 책은 많습니다. 고등학생 필독서 목록에 나온 책들같은 여러 책을 추천하고 싶지만 그건 개인이 직접 찾아보면 충분히 각자에게 도움이 될 책을 찾을 수 있을 것입니다. 수능에 도움이 되는 책을 읽고 싶으면 시나 소설에 대해 해설을 해 놓은 책들을 읽는 것도 좋습니다. 그리고 평소 생각을 깊이 할 수 있는 능력을 키우기 위해서는 어렵지 않은 철학책도 큰 도움이 되리라 생각합니다.

요즘 고등학생은, 특히 충남외국어고등학교와 같은 특수 목적 고등학교에 다니는 학생들은 학습시간 중 대부분의 시간에 수학이나 외국어를 공부하고 국어는 따로 공부하지 않아도 된다고 생각하는데, 국어의 중요성에 대하여 한마디 해 주세요.

Ⓐ 국어는 모든 학문의 기본이라 생각합니다. 우리나라 사람에게 우리말에 대한 시험을 치르는 것이니 결코 만만치 않습니다. 요즘 수능 출제 방향도 언어영역의 어떤 부문은 어렵게 내는 추세입니다. 하루에 단 몇 십 분씩이라도 꾸준히 공부하여 실력을 다지는 것이 현명합니다.

Ⓠ 마지막으로 학생들에게 하고 싶은 말씀이나 조언이 있다면 말해 주세요.

Ⓐ 성적이나 공부를 잘하는 것도 좋지만, 대인 관계를 중요하게 여겨야 합니다. 나중에 사회에 나가면 흔히 말하는 인맥이 큰 역할을 합니다. 원만한 대인 관계를 유지하여 나중에도 서로 도와가면서 사는 좋은 친구들이 되었으면 합니다. 단, 전제되어야 할 것은 올바른 도덕성입니다. 사회를 이끌어 나갈 훌륭한 인재는 도덕성이 담보되지 않고는 큰 인물이 될 수 없습니다. 우리 학교 학생들이 그러한 인물이 되었으면 하는 바람입니다.

2010학도에 충남외고에 오셔서 현 2학년 학생들에게 수학을 가르치고 계시는 백재흠 선생님. 각종 영재교육원 강사와 EBS 검수교사를 겸임하시면서 재미있고 신바람나는 수학 시간이 되도록 노력하신다. 자칭 '흠수학'으로 회오리 바람을 일으키는 선생님이시다.

◎ 입시에 있어서 수학의 중요성에 대해 말해 주세요.

Ⓐ 수학은 꿈을 이루기 위해서라면 꼭 지나야하는 관문입니다. 우리가 지금 배우고 있는 수학이 본질적이지는 않으나, 수학을 공부함으로써 논리적 사고력, 추상력을 기를 수 있습니다. 그리하여 문제에 직면했을 때 헤쳐 나갈 수 있는 문제 해결력을 신장할 수 있습니다. 두뇌의 유희를 느낄 수 있는 과목이지요. 하지만 대학 입시라는 이름에 문제풀이에만 치중하는 학생들을 보면 안타까움을 느낍니다.

◎ 충남외고 입학 전에 수학 공부는 미리 어떤 것을 준비해야 하나요?

Ⓐ 한 학기 정도의 선행을 하는 것이 도움이 될 것입니다. 완벽

한 이해를 요구하는 것이 아닌 용어와 개념에 대한 친숙함을 길러오는 것입니다. 그에 따라 실제 수업에 편하게 임할 수 있는 준비를 하는 것입니다.

❓ 수학 공부를 할 때 잊어서는 안 되는 것은 무엇인가요?

Ⓐ 수동적인 수학 공부는 절대 도움이 되지 않습니다. 편한 공부는 쉽게 잊어버리기 마련. 인터넷 강의 같은 경우는 수업 보충을 위해서 수강을 하고, 능동적인 공부를 하는 습관을 들여야 합니다. 1~2학년 때는 개념에 대한 고민을 하는 시간을 갖는 훈련을 해야 하고 너무 문제풀이에만 치중해서는 안 됩니다.

❓ 선생님이 생각하시는 충남외고는 어떤 학교인가요?

Ⓐ 충남외고 학생들을 가르친다는 것에 선생님으로서 자랑스러움을 느낍니다. 아이들을 가르치는 재미가 솔솔 느껴지고 기쁨을 느낍니다. 충남외고 학생들이 수학에 대해 갖고 있는 열정은 너무나도 뜨거워서 가르치는 나조차도 행복합니다.

항상 친근한 미소로 학생들을 어머니처럼 자상하게 가르치는 선생님이시다. 각종 영어 관련 경시대회에 참가하는 학생들을 내 자식처럼 돌보고 지도해 주시는 분이다.

⊙ 충남외고가 다른 학교와 다른 특별함은 무엇이라고 생각하시나요?

ⓐ 첫째는 또래 친구들의 우수함? 즉, 친구를 통해 배울 점이 많다는 것입니다. 또한 모두가 한 마음으로 하나의 목표를 향해 열심히 노력하는 동일한 집단이라는 것, 그러면서도 색깔은 다양하다는 것이 특별합니다.

둘째는 갈증이 많은 친구들이라는 것. 뭔가 할 거리를 던져주면 거기서 기대 이상의 더 큰 것을 건져 올리는 무한한 가능성을 가진 멋진 친구들이라는 것입니다.

⊙ 외고에 들어와서 학생들이 이것만은 꼭 이루었으면 하고 바라는 것이 있으신가요?

ⓐ 내 답이 무엇일지 예상하겠지만, 첫째는 외부 경시대회 및 대외적인 행사를 많이 참여하고 경험했으면 하는 것입니다. 꼭

무슨 상을 타서가 아니라 참여 자체로 큰 공부가 되고 눈이 넓어지며 좋은 사람들과 많이 만날 수 있기 때문입니다.

둘째는 백번 강조해도 지나치지 않는 원서 읽기!

마지막은 영어회화 클럽이나 모의유엔, 번역 동아리, 영자신문부 등 영어를 생활화할 수 있는 동아리 활동을 해보라는 것입니다. 좀 더 참신한 아이디어의 다양한 영어 관련 동아리가 생겨났으면 좋겠고 친구들끼리 평소에도 영어를 상용하는 분위기가 되었으면 좋겠습니다.

⚛ 외고 학생에게도 어려운 존재 '원서'. 쉬우면서 의미 있는 원서 한권을 추천해 주세요.

Ⓐ 불행히도 '누구에게나' 100% 만족을 주는 원서는 없습니다.(한글 책도 마찬가지 아닌가?) 굳이 추천을 하라면 그래도 고전을 읽으라고 하고 싶습니다. 읽기는 힘들어도 남는 것이 많고 오래오래 되새기게 되는 '맛'을 느낄 수가 있을 것입니다.

그러다 보면 좋아하는 작가가 생기고 그 작가가 쓴 다른 책을 읽게 되고 이러다 보면 원서 보는 눈이 생기고, 좋아하는 책 리스트가 생길 것입니다. '아, 이건 내가 좋아하는 작가의 책인데 이런저런 점에서 참 흥미로워.'라고 친구들에게 책을 추천해 줄 수 있는 그날이 오게 되기를 바랍니다.

참고로 요즘에 내가 읽는 책은 『Thirteen reasons why(Jay Asher)』인데 쉽고 흥미로운 형식이라서 책장이 잘 넘어가는 'page turner'인 것 같습니다.

◎ 신입생으로 들어왔으면 하는 학생은 어떤 스타일인가요?

Ⓐ 어떤 상황에 처하더라도, 누가 뭐라고 하더라도 자신의 가능성을 믿고 결국에는 별처럼 빛날 것이라는 믿음과 끈기를 가진 그런 학생들과 3년 동안 자신의 한계를 시험해 보고자 하는 진취적인 학생들이 많았으면 좋겠습니다.

과학 – 문종철 선생님

문종철 선생님의 담당 과목은 지구과학이지만, 선생님은 다양한 과학적 지식과 생활 과학에 대해 이야기해 주시는 분이다. 얼굴도 배용준처럼 잘생기셨고, 배드민턴, 골프, 탁구도 수준급인 선생님이시다.

Ⓠ 자기소개를 부탁드려도 될까요?

Ⓐ 저는 충남외국어고등학교에서 지구과학을 가르치고 있는 문종철이라고 합니다. 나이는 만 41세이고요, 취미로 여러 운동을 즐기고 음악, 또 여행도 즐깁니다.

Ⓠ 배드민턴 실력이 대단하시다는 소문이 있는데 어느 정도의 실력을 가지고 계신가요?

Ⓐ 1997년에 처음 배드민턴을 배우기 시작하여 이제까지 14년 정도 운동을 하였는데, 가장 전성기 때인 4년 전에는 생활체육 충남대회에서 결승에 오른 적도 있습니다. 그 후 발목 부상으로 인해 예전처럼 열심히 하지는 못하고 있죠.

ⓐ 아내와 함께 신성대 총장배 배드민턴 대회에서 혼성복식부분 우승한 것이 기억에 남네요.

ⓐ 'Capella'라는 천체관측 동아리를 맡고 있습니다.

ⓐ 'Capella'는 충남외고의 천체관측 동아리로서 매우 다양한 활동을 하고 있습니다. 본교에 보유 중인 3대의 망원경으로 계절별 관측을 하고 있으며, 천체관측 시뮬레이션 프로그램 인 'Starry night'를 이용하여 가상현실로 관측도 합니다. 재미있는 전통과학 체험도 하고 있으니 신입생 혹은 재학생 분들의 많은 관심 부탁드립니다.

ⓐ 첫 번째는 미래의 지도자가 될 수 있는 인성적 자질을 가꾸어 나갔으면 합니다. 여러분이 가진 남들보다 뛰어난 재주를 자기 자신만을 위한 것이 아닌 세상 모든 사람들이 행복해질 수

있는 일에 사용하도록 말입니다.

두 번째로는 학생들이 서로를 인정하여 주었으면 좋겠습니다. 우리 학교, 그리고 여러분들은 모두가 뛰어난 학생들입니다. 그 가운데에서 내가 가장 돋보이기 위해, 다른 친구들 보다 더 나아지기 위해 노력한다면 학교생활이 너무 힘들어 질 것입니다. 친구들이 모두 훌륭하다는 것을 인정하고, 스스로를 위해 노력하고 공부한다면 서로가 서로에게 도움이 되며 같이 발전할 수 있을 것입니다.

part·4
외고인과 함께하길 원한다면

스스로를 믿고 도전하라

영어과 박민설

비록 부족한 선배지만, 후배들에게 하고 싶은 말이 있어 이렇게 글을 쓴다. 지금에야 외국어고등학교라는 것이 널리 알려져 있고 중학교 때부터 착실하게 준비해서 입학하는 학생들이 대부분이지만, 내가 외고라는 존재를 알았던 것은 중학교 3학년 5월 달 정도였다. 영어에 크게 자신이 있던 것도 아니었고 외국어에 특출한 재능이 있던 것도 아니지만 외고에 큰 관심을 갖게 되었고, '떨어지면 다른 고등학교에 가면 되지.' 하는 생각을 하며 충남외고 시험에 도전했었다. 겉으로는 "붙어도 좋고, 떨어져도 좋다." 라는 말을 하며 아무렇지 않은 듯 다녔지만 속으로는 '그래도 떨어지면 어쩌지? 부끄러움과 그 허무함을 내가 이겨낼 수 있을까?' 라는 생각에 불안해 했다.

그런 마음을 안고 외고 시험을 보게 되었다. 첫 시간에는 영어 시험을 보았는데 중간에 이른 바 '패닉' 상태에 빠졌었다. 영어를 읽어도 이해가 되지 않아 그저 읽고 있다가 문득 정신을 차려 보니 시간이 얼마 남지 않아 남은 문제를 대충 읽어 내려가며 생각할 여유도 없이 풀고 제출했다. 영어 시험이 끝나고 멍하게 앉아 있는데 뒤에서 시험이 너무 쉬웠다고 이야기하는 것을 들으며 '나는 왜 여기에 있는 거지…….'라는 생각도 했다. 그 다음 언어 시험시간에는 힘이 쭉 빠진 채로 시험이 쉬운 것인지 어려운 것이지 분간도 못하고 문제를 풀었다. 끝났다는 기쁨보다는 제대로 치르지 못했다는 후회감이 들었다.

그렇게 시험날을 보내고는 반쯤 포기한 채로 며칠이 지나고서 발표날이 되었다. 친구가 문자로 '외고 붙었대! 축하해!'라는 말을 보내 주었다. 순간 멍하니 있다가 학교까지 무작정 뛰었다. 반신 반의 하며 함께 충남외고 시험을 보았던 친구의 손을 잡고 교무실로 달려갔다. 담임선생님의 컴퓨터에 떠 있던 합격 명단에서 내 이름을 보았을 때는 기쁘다기보다는 담담하게 '아, 붙었구나!'라는 생각이 들며 그동안 영어공부를 하느라 고생했던 순간이 스쳐 지나갔다.

이렇게 나는 충남외국어고등학교에 입학했다. 하지만 여러 번 외고에 온 것을 후회하기도 했다. 그중 가장 큰 원인은 늘지 않던 영어 실력에서 드는 좌절감이었다. 중학교 때에는 벼락치기가 가능한 내신 영어만 공부하면 되었었다. 그렇기에 영어를 잘한다는 소리를 들었었는데, 이곳은 역시 외고였다. 학급의 반 이상이 영어권 나라에서 살다온 아이들이었기에 나의 영어 실력은 초라하게만 보였다. 문법 시험도 어려웠지만 가장 어려움을 겪었던 것은 회화였다. 처음 스피치 시험을 보기 전에 아이들 앞에서 모의 스피치를 하고 서로에게 고칠 점들을 적어 주었다. 내가 받아 든 아이들의 코멘트에는 주로 발음을 알아듣기 힘들다는 말이 많았다. 그 말들을 보았을 때 나는 나도 모르게 눈물을 흘렸다. 나에게 어떻게 하라는 것일까라는 생각도 들었고, 발음 지적을 한 아이들이 야속하기도 한 복잡한 심정이었다.

그 이후로 나는 한동안 영어 공포증을 겪었다. 겉으로는 크게 드러내지 않았지만 회화시간에는 꼭 필요한 말이 아니면 말을 많이 하지 않았고, 원어민 선생님과의 사적인 대화도 많이 하지 않았다. 영어 발표 수업이나 토론 시간에도 말을 하다가 멈칫하며 '나는 역시 안 되나봐.'라는 자괴감에 빠지기도 했다. 이런 공포증은 2학년 때 프레젠테이션 발표를 하다가 나도 모르게 입에서 영어를 말하는 것을 느끼며 '아, 무엇이든지 하면 되는구나!'라는 생각을 하며 고칠 수 있었다. 나는 발표 시험에 대한 두려움에 걸어 다니면서도, 화장실에 가서도 머릿속에 발표할 내용을 되새기고 또 말했다. 그런 연습이 뒷받침된 것이었는지, 연습의 결과가 드러났던 그 발표 이후부터 영어에 자신감을 지니게 되었고, 다른 모든 과목들에도 덤벼들 수 있게 되었다.

이렇게 연습을 통해 덕을 본 또 다른 과목은 수학이다. 우리 집 책장의 두 칸 정도는 내가 1학년 때부터 쓴 수학 연습장들로 꽉 차 있다. 그것들을 보고 있으면 나 자신에게 칭찬을 하고 싶어지고 뿌듯해진다. 그 연습장들은 내신 점수에 절망해서 '나는 정말 수학을 못 하나봐.'라는 생각과 함께 수학 시험 시간만 되면 식은 땀을 흘리며 덜덜덜 떨리던 내 손을 붙들어 주게 되었다. 수학을 뛰어나게 잘하는 것은 아니지만 어느 정도 자신감을 가지고 일정 수준의 점수를 유지하게 해주는 것은 강의도, 책도 아닌 몇 십 권의 연습장을 채워가던 열정이라고 생각한다.

외국어고등학교는, 비록 그것이 지방에 있는 것일지라도, 분명 중학교와는 다를 것이다. 중학교에서 최상위 성적을 유지하던 학생들이 외국어고등학교에서는 난생 처음 받아보는 시험 점수에 절망하게 될 수도 있다. 하지만 그것이 끝은 아니다. 다시 일어서겠다는 의지가 있다면 절망을 이겨나갈 수 있을 것이라고 나는 생각한다. 후배들에게 해주고 싶은 말이 너무나 많다. 외국어고등학교에서 많은 절망과 고통을 겪을 여러분이 내가 쓴 이 서투른 글을 보고 무엇에든 도전해 볼 용기를 가질 수 있기를 바란다. 스스로의 의지를 믿고 어떠한 절망과 어려움에도 굽히지 않기를 기원한다.

열심히 고민하고 열심히 선택하라

영어과 나문희

나는 지금부터 내 후배가 될지도 모를 중학생 여러분들께 몇 가지 조언을 하려고 한다. 내가 외고 생활을 2년 가까이 하며 깨달은 것들이기도 하다.

자습(自習) 능력은 정말 중요하다. 언제까지 학원, 과외에 의존할 수 있는 것도 아니고, 학원에서 수업을 듣는 수동적인 시간을 스스로 계획하고 공부하는 능동적인 시간으로 바꾼다는 것은 학습력 신장면에서도 중요하다. 그리고 특히 충남외고는 자기주도학습시간이 많은 학교이기 때문에 우직하게 앉아서 스스로 공부할 수 있는 능력이 정말 중요하다. 자기주도학습에 금방 적응이 되긴 하지만 보통 야자(야간자율학습)가 평일에는 한 타임에 50분, 주말에는 1시간 40분인데, 입학 직후 또는 새 학기가 시작한 직후에는 방과 후 학교 프로그램이 시작되기 전이라서 야자시간에 평일, 주말 할 것 없이 1시간 40분씩 계속 자기주도학습을 한다. 나는 중학교 때 국·영·수 학원을 다니긴 했지만, 시험기간 한 달은 항상 학원에 양해를 구하고 도서관이나 집에서 혼자 시험공부를 하고 자기주도학습을 했던 습관이 있어서 입학 직후에도 적응하기가 쉬웠던 것 같다.

그리고 목표의식을 가지고 공부해야 한다. 자신이 이루고 싶은 꿈, 진로가 있어야 삼천포로 빠지지 않고 공부할 수 있다. 벌써부터 장래희망과 목표 대학이 정해져 있어야 한다는 말은 아니다. 나조차도 고등학교 2학년이 돼서야 진로와 희망대학이 정해졌다. 물론 일찍 목표를 정하면 좋겠지만, 없어도 목표의식은 가질 수 있다. 지금 이 순간 공부를 왜 하는지 한번 생각해 보자. '부모님이 시켜서?', '남들이 다 하니까 지기 싫어서?', '사람들한테서 칭찬 받으려고?' 이것들은 공부의 목표가 될 수 없다. 나는 '아직 내가 무엇을 하며 살고 싶은 지는 잘 모르겠지만, 곧 생길 나의 꿈을 위해서, 그 꿈에 좀 더 쉽게, 가까이 다가가기 위해서 공부를 해야 해.' 이런 생각을 가지고 공부를 했다. 자신의 꿈이 공부와 관련이 없다면, 그 꿈을 향해 다른 방법으로 나아가면 된다. 그렇지만 지금까지의 경험으로 보자면, 꿈이 무엇이든 간에 공부해서 밑지는 경우는 보질 못한 것 같다. 학력 우월주의라고 할 수도 있겠지만, 배우나 가수를 보더라도 학업성적이 우수하면 주목을 한 번 더 받는 것은 사실 아닌가.

외고 진학을 생각하는 학생들은 일반 인문계 고등학교에 가면 좋은 내신을 받아서 가능하면 서울대에도 갈 수 있을 텐데, 외고에 오면 내신이나, 지역균형선발전형이나 농어촌 전형을 기대하기가 어려워 고민할 것이다. 하지만 모든 선택에는 득과 실이 있는 것 같다. 외고에 진학하면 방금 위에서 말한 것들은 힘들겠지만, 더 넓은 세상을 경험할 수는 있다. 나는 중학교에 다닐 때까지 꽤 작은 시골에 살았는데, 전교 상위권에 들면서 느꼈던 우월감은 외고에 입학한 후 바로 사라졌다. '우물 안 개구리'라는 말을 그렇게 실감나게 몸소 체험한 건 처음이었다. '수준 높은' 아이들 속에 있으면서 전국에서의 나의 위치도 대략 확인할 수 있었다. '이러다간 소위 말하는 SKY 대학은커녕, "in 서울"도 못하겠구나.' 하는 생각이 들었다. 덕분에 더 열심히 공부할 수 있었고, 지금은 내가 살던 지역에 머물렀다면 받지 못했을 모의고사 점수를 받고 있다.

또 외고에는 질이 다른 교육과 수행평가 과제가 존재한다. 대학에 가서나 해 볼 법한 프레젠테이션과 스피치를 우리 충남외고에서는 자주 한다. 언제 패션 잡지의 에디터가 되어서 발표를 해 보겠으며, 전화로 외국인과 인터뷰를 해 보겠나? 혹시 남들 앞에서 발표하는 것에 대한 두려움을 가지고 있는 학생이 있더라도 외고에 오면 그 두려움을 싹 고칠 수 있다. 아무리 발표를 어려워하는 사람이어도, 자주 발표를 하면 두려움이 사라질 수밖에 없다. 나중에 대학교나 회사에 가서 어차피 해야 할 것들을 미리 수업과 수행평가를 통해 경험하고 연습까지 할 수 있다.

원래 모든 것이 얻는 것이 있으면 잃는 것도 있고, 잃기만 할 것 같은 선택에서도 얻는 것은 있기 마련이다. 지금 외고 진학을 고민하고 있다면 자신이 좀 더 얻고 싶은 게 무엇인지 '열심히' 고민하고 '열심히' 선택하길 바란다.

읽을 수 있는데 읽지 않는다면
당신은 바보다

영어과 이규배

아리스토텔레스에 따르면 우리에겐 모두 환경에 따라 발아하는 잠재의 '씨앗'이 내재되어 있다고 한다. 씨앗을 얼마나 잘 키워 가느냐에 따라 우리의 가능성이 발현된다는 것이다. 외고 입학? 여러분들도 할 수 있다. 물론 할 수 있다. 나도 입학해서 생활하고 있는데 여러분들이라고 못할 게 뭐가 있겠는가.

나는 진부하고 지겨운, 평범한 공부 방법을 알려 주려는 것이 아니다. '교과서로만 공부했어요.', '학교 수업에 충실했어요.', '동아리 활동!', '자원 봉사!' 모두 너무 식상하다. 인터넷 기사에도 이런 상식적이고 판에 박힌 이야기는 하루가 멀다고 꾸준히 올라온다.

그래서 나는 이번 기회에 조금은 색다른 주제에 대해 말하고자 한다. 바로 독서. 하지만 독서도 식상하기는 마찬가지다. 이 블루오션 아닌 블루오션을 나는 왜 선택했는가. 비록 진부함에서 벗어나지는 못했지만, 나는 독서에 관해 나만의 가치관으로 좀 더 올곧은 방법을 제시하고자 한다.

수능이 암기, 단순 계산보다는 추론, 이해 능력에 더 비중을 두고 있다는 사실은 이미 다 알고 있을 것이다. 수능은 교과 과정을 충실하게 이행한 학생들이라면 충분히 유추하거나 이해, 응용할 수 있는 난이도에서 출제가 된다. 이해라는 것이 무엇인가. 나는 종합적 사고를 통해 단순 지식을 응용 및 발전시킬 수 있는 유용한 사고능력이라고 생각한다. 암기해서 얻은 1차적 지식이 벽돌과 같은 고체라면, 이해를 통해 얻은 지식은 물과 같이 유동적이고 융통성이 있다. 이해를 하면 한 가지 지식을 여러 정황이나 상황에 대입할 수 있는 '힘'을 얻는 것이다. 문일지십(聞一知十). 하나를 들으면 열을 안다. 단순 지식을 이해를 통해 습득하면 그 지식은 열 가지로 파생된다. 이런 이해력 신장을 위해 단연 중요한 것은 독서이다.

책은 아무거나 가리지 않고 다양한 분야를 읽어야 좋다고들 사람들은 말한다. 하지만 학생들에게는 학업 성취도가 우선시 돼야 하기 때문에 시간을 들여서 유익하지도 않은 책을 읽는 것에 나는 반대한다. 입시를 생각하고 독서를 하려면 이미 시기가 많이 늦어 있는 경우도 있다. 나 역시도 '책을 좀 더 읽을 걸.' 하고 후회했을 때가 중2 말엽이었다.

학업 부담에 따라 책을 읽을 시간을 내기에도 불편함을 느끼는 학생들도 많을 것이다. 이렇게 시간적으로 쫓기는 상황에서 이해력을 신장시켜줄 심도 있는 독서 생활이 과연 가능하긴 할까?

비록 독서라고 했지만 나는 일단 판타지 소설 같은 부류는 제외하고 이야기하겠다. 문학성과 재미는 별개의 것이라, 이런 책들은 재미는 줄지 몰라도 학업이나 입시에는 도움이 되지 않는다. 반면 세계 고전이나 현대 소설 등을 추천할 수 있다. 하지만 시대상과 철학을 반영하는 세계 고전이나 현대 소설은 배경지식 없이 읽을 경우 무미건조한 인상밖에 주지 못하기 때문에 책을 즐겨 읽지 않고 이해력이 부족한 학생들에게는 난이도가 높을 것이다. 그렇다고 읽지 말라는 것은 아니다. 이왕 효과를 볼 거면 투자 대비 효용이 큰 독서를 하자는 이야기이다. 그렇다면 도대체 어떤 책을 읽어야 할까?

나는 인문계열 책을 읽기를 권한다. 인문이라고 해서 심리학, 철학, 사회학 등으로 한정되지는 않는다. 과학, 기술, 미술, 언어, 논리학, 비평, 명언 등 무수히 많은 분야가 있다. 청소년들을 위한 철학사, 청소년들을 위한 음악사, 하룻밤 사이에 읽는 세계사, 한국사 등. 광범위한 범위의 주제에 관해 쓴 '청소년들을 위한' 책들은 이루 말할 필요도 없이 많다.

왜 인문계열일까? 독서에 이렇다 할 매력을 못 느낀다면 인문계열은 오히려 더 강조되어야 한다. 세계 고전은 읽지 않더라도 인문계열의 책은 읽어야 한다. 인문계열의 책들은 수능에서 꽤 비중이 높고, 언어영역에서도 비문학영역의 탄탄한 기반이 되어 주기 때문이다. 기반이 되어 주는 정도가 아니라, 거의 모든 지문들이 출제된다. 비문학은 문학보다 살짝 더 높은 비중으로 50% 이상 출제된다. 더욱이 최상위와 상위를 가르는 3점짜리 문제는 내가 여태 보아온 바에 따르면 문학보다는 비문학에 더 많이 실려 있었다. 많은 학생들이 인문을 등한시 하고 어려워해 문제 해결에 난항을 겪고 있는 것을 출제 위원들도 알기 때문이다. 인문영역은 문학과 같이 고도의 상징성을 가지고 있지 않다. 정답이 지문 내에 고스란히 있음에도 불구하고 많은 학생들은 비문학 문제를 해결하는 데에 많은 시간을 들이고 어려워한다. 왜냐하면 적응이 되어 있지 않기 때문이다.

포괄적인 개론서를 두어 권 가량 각 분야별로 읽어 놓으면 언어영역에서 이미 수십, 수백 발자국 앞에서 경기를 시작하는 것과 마찬가지의 효과를 볼 것이다. 탄탄한 상식과 총체적인 지식이 머릿속에 똬리를 틀고 있는데 어디서 곤란함을 겪겠는가.

인문학적 소양은 언어영역에만 국한되지 않는다. 사회탐구영역은 노골적으로 전문화된 인문학적 과목이다. 비중은 언어, 외국어, 수리영역에 비해 낮지만 꾸준히 노력하면 성적이 오르고 그

점수는 타과목에서의 실책을 보완해 준다. 사회탐구영역은 현재 11개의 과목으로 이루어져 있다. 사회탐구영역의 과목은 과목끼리 어느 정도 연계성을 가지기 때문에 한국지리라 할지라도 비단 한국지리에 관한 내용만을 묻지 않는다. 역사나 사상에 관한 것과 접목시켜서 출제하기도 한다. 허투루 공부한 학생들은 이런 고차원적 문제에서 빗자루에서 먼지 털듯 왕창 쓸려나가지만, 인문학적 소양으로 무장된 학생들은 이해능력을 통해 기존 지식을 응용하면서 난제를 극복할 수 있다. 이런 문제들을 통해 상위권과 최상위권이 구분되어 지는데 인문학 책을 많이 읽은 학생들은 문제를 풀 때 자신감 넘치고 두렵지 않을 것이다.

독서백편의자현(책을 100번 읽으면 그 뜻이 저절로 통한다.), 남아수독오거서(모름지기 남자는 다섯 수레의 책을 읽어야 한다.), 서중자유천종서(책 속에는 많은 곡식이 저절로 들어있다.), 위편삼절(책이 세 번이나 끊어지도록 많이, 그리고 정독하다.) 등의 성어는 독서의 중요성을 강조한 것이다. 고대 학자들이 자신의 학식을 과시하기 위해 책에다 수록한 멋진 말들이 아니다. 독서의 효용은 동서고금을 막론하고 엄청나다. 독서로 쌓은 지식은 언어영역이나 사회탐구영역뿐만 아니라 논술 등에서도 이를 자양분으로 논리를 펴낸다. 독서로 쌓은 지식과 통찰은 고스라니 글에 담긴다.

독서란 원래 무언가를 얻을 목적(내가 제시한 바로는 수능이나 논술 등에서 좋은 영향을 준다는 점)으로 하는 것이 아니다. 로렌스 스턴은 "자신의 지력(知力)과 도덕을 향상시키고, 행동을 조절하는 것 이 외의 것을 위해 독서를 한다면 차라리 잠을 자는 편이 낫다."고 할 정도로 독서의 본질을 중요시 했다. 하지만 현재 독서 권수 평 균은 나날이 낮아지고 있고, 청소년들도 대중매체의 영향으로 독 서에 많은 시간을 투자하지 못한다. 독서에 매력을 느끼지 못하 는 것이다. 이런 점에서 나는 독서가 줄 직접적이고 긍정적인 효 과에 초점을 맞추어 글을 쓸 수밖에 없었다. 하지만 이것이 독서 의 유용성을 훼손하지는 않을 것이다. 독서는 꿈이며 희망이자 미래이다.

✽ 만약 읽을 수 있는데 읽지 않는다면 당신은 바보다.

-말콤 포브스

✽ 독서는 정신적으로 충실한 사람을 만든다. 사색은 사려 깊은 사람을 만든다. 그리고 논술은 확실한 사람을 만든다.

-벤자민 프랭클린

✽ 체계적으로 읽고 공부하는 것의 핵심에 목적을 두어라. 독서의 용도는 우리가 생각하도록 도와주는 것이다.

-에드워드 기번

✽ 나의 교육은 자유였다. 나는 언제나 갈망하는 눈으로 아무 책이나 읽어야만 했다.

-딜런 토마스

part·5
외고 선생님들 이야기

교장선생님의 한 말씀

안덕규 선생님

우리 학교는 '창의와 배려의 글로벌 인재 육성'이라는 모토로 개교한지 이제 3년차인 공립외국어고등학교입니다. 이 모토에 걸맞게, 우리는 훌륭한 미래의 지도자를 육성하는 것이 목표입니다. 그러면 훌륭한 미래의 지도자는 어떻게 만들어야 할까요?

우선 지도자가 갖추어야 할 덕목을 충실히 지녀야 한다고 봅니다. 그 덕목은 '지, 덕, 체' 세 가지로 정리할 수 있는데, 이를 각각 살펴보면 다음과 같습니다.

첫째, 지(知)의 분야에서는 '지식 교육'을 충실히 닦은 인재가 되어야 한다고 봅니다. 그래서 우리 학교는 아침 30분간 독서 시간을 시행합니다. 선생님들의 임장지도 아래 각자 평소에 읽고자 했던 책을 읽도록 하고, 수시로 독후감을 쓰도록 지도하며, 매월 1회씩 전체 조회시간에는 잘된 독후감 한 편씩을 강당 단상에서 발표하는 시간을 갖습니다. 처음에는 낯설어하던 아이들이 이제는 오히려 서로 발표하려고 독후감을 정성껏 씁니다.

둘째, 덕(德)의 분야에서는 바른 품성을 갖도록 키웁니다. 항상 주위의 어려운 이웃을 보살필 수 있는 인재가 참다운 인재이기 때문입니다. 그래서 학교에서는 HI-MI 봉사활동을 통해 자신이 지닌 재능을 다른 사람에게 전수할 수 있도록 주변 중학교의 학습 도우미로 나가도록 독려하고 있습니다. 또 HABITAT 봉사활동을 적극적으로 추진하는데, 이 봉사활동은 집이 없는 사람들을 위해 '내 집 갖기 운동'의 일환으로 행해지는 봉사활동으로, 학생들에게 솔선수범하여 참여하도록 권장하고 있습니다. 아울러 준법정신을 올곧게 갖추고, 질서를 지킬 줄 아는 사람이 정직하고 유능한 지도자가 됨을 각인시키고 있습니다. 사회지도자는 도덕성이 결여되면 안 되기 때문입니다.

셋째, 체(體) 분야입니다. 건강한 육체에서 건전한 정신이 나옵니다. 이를 위해서 1학생 1악기 1운동을 적극 권장하고 있습니다. 악기는 기타나 가야금을 연주할 수 있도록 하여 공부로 인한 개인적인 스트레스를 발산하고 여유로운 문화생활을 즐길 수 있는 인재로 육성하려고 합니다. 이를 바탕으로 교내에서 한 학기당 2회 이상 학생들이 갈고 닦은 연주 실력을 학교 중앙홀에서 '작은 음악회'란 이름으로 공연하도록 하고 있습니다. 이외에도 스포츠 동아리를 활성화하여, 공부하면서 지친 심신을 단련하는 기회를 갖습니다.

　미래의 인재는 참으로 갖출 것이 많은 세상입니다. 항상 '긍정적인 사고'로 세계를 향해 도전할 수 있는 인재를 만드는 것이 무엇보다 중요하기 때문입니다. 세계는 도전하는 자에게 다가온다고 합니다. 꿈의 날개를 활짝 펴고 세계를 향해 비상(Spread your wings to the world)할 수 있는 세계 최고의 인재가 될 수 있도록 키우고자 하는 마음이 저의 욕심입니다.

　지난 2011학년도 대학수학능력시험에서 얻은 우리 학교의 성적은 참으로 대견합니다. 전국 2,190개 고교 중 평균 점수 전국 14위, 언·수·외 모두 1등급 비율 전국 15위, 언·수·외 표준점수 합계 평균 전국 15위를 차지하였습니다. 충남외고 아이들과 선생님들 그리고 학부모님들, 모두 사랑스럽고 존경할 따름입니다.

외고인들의 뒷이야기

이하영 선생님

2010년 9월, 충남교육청 장학사로 근무하던 나는 충남외고 교 감으로 발령을 받았다. 충남, 아니 전국에서도 내로라하는 학교 로 명성이 높은 학교에 부임하게 되어 내심 기쁘기도 했지만, 다 소 부담이 있었던 것도 사실이다.

그냥 스쳐가면서 보았던 학교의 모습과 근무를 하게 된 후의 학 교의 모습은 사뭇 인상이 달랐다. 번듯하고 깔끔한 학교 건물이 다가서는 이의 마음을 긴장시켰다. 아울러 열의에 찬 여러 선생 님들과 학생들과의 만남은 또 새로운 시작을 알리는 신호탄이 되 었다. 이렇게 생활한 것이 벌써 6개월이 되었다.

그렇게 지금까지 지내온 6개월, 우리 아이들의 뒷이야기를 객 관적으로 몇 마디 쓰고자 한다.

우선 아이들의 용모가 깔끔하고 학교가 깨끗하다. 교복 디자인 에 대한 자부심이 대단하여, 교복을 항상 단정하게 입는 것이 생 활화되어 있다. 아울러 건축된 지 얼마 되지 않아 건물 자체가 말끔하고, 쓰레기를 버리지 않는 습관 때문인지 전체적으로 학교 전체가 깨끗하다.

다음으로 자기주도학습 문화가 생활화되어 있다. 자기주도학습 시간에 우리 학교를 방문한 손님들은 깜짝 놀란다. 작은 소리 하나도 용납하지 않으며, 엄숙하고 진지하게 실시되는 자기주도학습 분위기는 타의 추종을 불허한다.

또 아이들의 능력이 정말 다양하다. 공부만 잘하는 아이들이 아니라는 것이다. 각종 악기를 수준급 이상으로 연주할 뿐만 아니라, 스포츠로 지친 심신을 단련하는 모습도 열성적이다. 각종 생활 체육대회에서 입상하는 성적을 보면 공부하면서 언제 저토록 운동 능력도 키웠을까 하는 생각이 들 정도이다.

마지막으로 아이들의 인성이 참 곱다. 항상 선생님이나 상급생을 보면 웃는 낯으로 반갑게 맞이하며 인사한다. 특히 선생님들과의 친분도 두터워 마치 부모님처럼 존경하면서 믿고 따른다.

장점만 이야기하다 보니 그러면 단점은 없는가 하고 의아심이 들 것이다. 단점을 굳이 들자면, 자기중심적인 면이 약간 있다는 것이다. 그러나 이러한 현상은 요즘 세대에 흔히 나타나는 현상이다. 자기중심적인 생각

을 긍정적으로 바꾸어, 자기주도적이고 미래를 계획할 수 있는
인재로 키워 나간다면 오히려 장점으로 승화할 수 있으리라 생각
한다.

충남외고! 정말 발전가능성이 무궁무진하고 미래를 약속받을
수 있는 최고의 상아탑이다. 우리 아이들이 앞으로 우리 사회에
서 이루어 낼 역사가 기대된다.

일선 교사의 일기

김홍석 선생님

평일 아침 6시 30분, 동트는 새벽을 맞으며 기지개를 펴고 잠자리를 나선다. 아침 7시 40분까지 천안에서 아산시 탕정면 소재의 학교로 출근하자면 서둘러 머리를 감고, 세수하며 옷을 입고, 빗질하고 부랴부랴 준비해야 하기 때문이다.

7시 20분. 집을 나선다. 천안과 아산 사이의 도로는 늘 아침부터 정체이다. 오늘은 몇 분에 이곳을 돌파할까 내심 궁금해 하면서 운전한다. 빠르면 7시 45분, 늦어도 7시 55분이면 학교에 도착한다.

8시 정각. 담임 반에 들어간다. 기숙사에서 7시 30분부터 넘어와 자리를 잡은 아이들은 모두 책을 꺼내고 아침 독서시간 준비를 한다. 8시 30분까지 각자 준비한 책을 자유롭게 읽는다. 아이들의 책은 주로 영어원서가 많고, 일반적인 교양도서(주로 철학책이나 소설책이다.)도 적지 않다.

8시 40분부터 정과 수업이 진행되어 오후 4시 40분까지 이어

진다. 나의 수업은 평일에는 보통 서너 시간 가량이다. 과목은 '국어생활'과 '문학'이다.

오후 4시 50분부터 방과 후 학교 수업이 진행된다. 저녁 10시까지 진행되는데, 내가 담당하는 방과 후 학교 과목은 '언어 1등급', '고전문학', '우수반 언어영역', '논술', '일반 언어영역' 등이다. 과목은 완전 선택제로 희망하는 아이들이 신청하고 수업을 받는다.

'언어 1등급'반은 모의고사 3등급 이하자가 주로 신청하여, 언어영역의 기본 개념부터 문제풀이 요령 등을 가르친다. '고전문학'은 아이들이 어려워하는 고전을 운문과 산문으로 나누어 해석하고, 그에 따른 문제를 실전처럼 풀이해 주는 시간이다. '우수반 언어영역'은 언어영역 1등급 학생 중에서 난이도가 어려운 문제를 풀고자 하는 학생들을 위해 개설한 시간이다. 난제를 풀고 그 요령을 서로 터득하는 시간이다. '논술'은 논술 전형을 준비하는 학생들이 신청하는데, 약 60명 가량이다. 따로 소규모실에 모여 논술의 기초부터 실전에 이르는 수업을 진행한다. '일반 언어영역'은 시중에 나오는 언어영역 문제집을 풀어 보면서 실전 문제풀이 능력을 훈련시키는 식으로 진행된다.

저녁 10시부터 12시까지는 자기주도학습시간이다. 각자 주도적으로 계획에 맞춰 실시한다. 자기주도학습 감독은 원칙적으로 담임교사가 3교대로 실시한다. 따라서 저녁 7시부터 12시까지 수업을 선택하지 않고 자기주도학습을 하는 아이들이 자지 않도록 깨우거나 쓸데없이 돌아다니지 못하도록 지도한다. 그러나 대부분은 교사는 3교대제로 근무하지 못한다. 야간에 있는 방과 후 학교 수업으로 감독 교사가 아니더라도 정시에 퇴근하기 쉽지 않기 때문이다. 대부분은 저녁 10시경에 퇴근한다.

나는 감독 교사일 때는 밤 12시, 감독 교사가 아닐 때에는 밤 10시에 퇴근하는 편이다. 귀가 시간은 감독 교사일 때는 대략 밤 12시 25분, 아닐 때는 밤 10시 30분 가량이다. 아내가 "이제 왔어요?"라고 한마디하며 방문을 연다. 아내는 취침시간이 10시이다. 한마디 말이라도 하는 것이 고마울 뿐이다. 그냥 잘 때가 더 많기 때문이다. 아이들 침실에 가본다. 중학교에 다니는 둘째 아이는 공부하던 손을 멈추고, "안녕히 다녀오셨어요?"라고 한다. "그래! 힘내고 우리 딸." 이 한마디밖에 할 말이 없는 내 자신이 좀 부끄럽기기도 하고 미안하기도 하다. 막내아들 방에 가본다. 이불을 차내고 배를 허옇게 드러낸 채 꿈나라로 여행 중이다. 미안한 마음을 볼에 뽀뽀하는 것으로 대신하고, 조용히 이불을 덮어주고 방을 나온다. 잠옷으로 갈아입고 세면실에서 몸을 닦은 후 잠자리에 눕는다.

오늘 하루 일과를 돌이켜 본다. 참 바쁘게 지나간 하루이다. 교무실에서도 수업이 없는 시간은 아이들의 질문 공세로 쉴 시간이 없을 때가 많다. 심한 경우에는 마치 번호표를 받고 기다리는 은행 볼일을 보러온 사람들처럼 아이들이 줄을 선다. 가르칠 교과목이 여러 가지라 짬짬이 교재연구도 해 놓아야 한다. 또 오늘은 행정업무로 기안해서 결재를 올린 문건이 몇 건이던가?

그러나 수업시간에 선생님의 눈을 항시 주목하고 있는 아이들을 보면 이내 없던 힘도 솟는다. 누가 그러지 않았던가? 아이들은 스펀지 같아서 쭉쭉 빨아들인다고. 마치 모이를 주는 주인의 손만 보는 새들 같기도 하다. 아이들의 초롱초롱한 눈빛만 보면 이 아이들의 미래는 정말 밝을 것이리라 믿는다. 내일은 오늘보다 더 즐겁고 희망찬 하루이길 기도하면서 스르르 눈을 감는다.